中国煤炭消费及效率评价研究

王鉴雪　著

哈爾濱工業大學出版社

U0836019

内容简介

煤炭作为中国的主要能源之一,对中国经济的发展起到了举足轻重的作用,分析和评价煤炭在中国的消费状况,对认识并改变中国能源效率现状有重要意义。本书从中国煤炭市场的供求现状出发,分析经济增长、产业结构、煤炭价格、技术创新、环境状况等影响因素与煤炭消费的关系,并运用计量经济方法进行煤炭消费与各影响因素的长期均衡关系研究,以及各影响因素波动对煤炭消费的影响研究。在煤炭消费现状及其影响因素分析的基础上,运用DEA方法对中国工业行业与各地区煤炭消费效率进行分析评价,并根据工业行业煤炭消费效率评价结果及工业行业煤炭消费状况,进行重点耗煤行业煤炭消费效率优化研究。根据前述实证分析结果,提出提高中国煤炭消费效率的对策及建议。

本书可作为高等院校能源经济相关专业本科生、研究生的教学参考书,也可作为对能源经济感兴趣或从事能源经济方向研究的相关人员的参考书。

图书在版编目(CIP)数据

中国煤炭消费及效率评价研究/王鉴雪著. —哈尔滨:哈尔滨工业大学出版社,2016.3

ISBN 978-7-5603-5729-4

Ⅰ.①中… Ⅱ.①王… Ⅲ.①煤炭-消费市场-经济效率-评价-研究-中国 Ⅳ.①F426.21

中国版本图书馆CIP数据核字(2015)第280460号

责任编辑 杨秀华
封面设计 刘长友
出版发行 哈尔滨工业大学出版社
社 址 哈尔滨市南岗区复华四道街10号 邮编150006
传 真 0451-86414749
网 址 http://hitpress.hit.edu.cn
印 刷 哈尔滨工业大学印刷厂
开 本 787mm×960mm 1/16 印张10 字数191千字
版 次 2016年3月第1版 2016年3月第1次印刷
书 号 ISBN 978-7-5603-5729-4
定 价 42.00元

(如因印装质量问题影响阅读,我社负责调换)

前　言

煤炭作为中国主要的能源之一，对中国经济的发展起到了举足轻重的作用。然而，随着中国经济的高速发展，日益增长的煤炭消费需求和日益严重的环境污染问题，成为制约中国经济发展的突出矛盾和瓶颈。国家"十二五"规划提出坚持把建设资源节约型、环境友好型社会作为加快转变经济发展方式的重要着力点，把节约资源和保护环境列为基本国策，并提出降低单位国内生产总值能耗，减少主要污染物和有害气体排放的目标。"十二五"规划提出的关于资源节约与环境保护的目标标志着中国已经从追求经济增长速度向追求经济增长质量转变。因此，从这个意义上来说，分析和评价煤炭在中国的消费状况，建立煤炭消费效率评价模型将为各行业、各地区节能减排工作提供更合理的计量和考核标准，通过各主体的煤炭效率真实对比分析，确定其煤炭消费效率在行业中及全国的地位，确定其相应的节能潜力，从而为其制定相关政策、促进节能减排工作提供理论依据，对认识并改变中国能源效率现状有重要意义。

本书共分为七个部分，主要研究内容和结论如下：

第一部分，从选题背景及意义、国内外研究现状、研究内容三个方面进行阐述。将中国进行一次能源消费量、煤炭消费量、煤炭探明储量、二氧化碳排放量等数据，与世界发达国家相比，提出进行煤炭消费及效率研究的必要性和意义。在对国内外关于能源消费、煤炭消费、能源效率研究现状进行分析的基础上，确定本书的研究思路和研究方法。

第二部分，中国煤炭市场现状分析。从中国煤炭的消费、生产、进出口、供求平衡四个方面进行阐述。在对中国煤炭消费现状分析中，从煤炭消费总量和煤炭消费结构两方面介绍中国煤炭消费总量、终端消费和中间消费变动趋势，按行业分别对电力、热力及水的生产和供应业、重工业、轻工业的煤炭消费进行分析；在对中国煤炭生产现状分析中，从煤炭资源特点、能源生产现状和煤炭生产现状三个方面介绍；在煤炭进出口分析中，介绍中国煤炭主要进口国与出口国，以及进口总量和出口总量的波动情况；通过煤炭消费、生产、进出口的分析，进行中国煤炭供求平衡分析。通过本章分析得出，由于经济发展对能源需求的增加和中国的资源禀赋条件，中国煤炭消费在能源消费结构中占比较高，且消费总量巨大，中间消费比重逐年提高，工业行业耗煤占中国煤炭消费总体的比重较高，煤炭生产总量在能源生产总量中的比重较高，且总量逐年上升，煤炭进口数量递增，出口数量递减，总体上中国煤炭市场基本能够实现供求平衡。

第三部分，中国煤炭消费主要影响因素分析。选取经济增长、产业结构、煤炭价格、技术创新、环境状况等影响煤炭消费的因素，分析各因素与煤炭消费的关系，运用协整与误差修正模型对煤炭消费与经济增长的关系进行研究，建立煤炭消费与经济增长、产业结构、煤炭价格、技术创新的多变量协整模型，分析煤炭消费与各因素的长期均衡关系，建立脉冲相应函数分析各影响因素变动对煤炭消费的影响。通过分析得出，经济增长、工业比重对煤炭消费具有显著的正向拉动作用，科学技术支出对煤炭消费具有显著的反向影响作用。

第四部分，中国煤炭消费效率评价的实证研究，分别对中国工业行业和各地区煤炭消费效率进行评价。根据能源系统的特点，构建以煤炭消费量、资本投入量、劳动力投入为投入指标以及以工业增加值（地区为 GDP）为产出指标的煤炭消费效率评价指标体系，建立期望产出的 DEA（Data Envelopment Analysis）煤炭消费效率评价模型，对中国工业行业、各地区的煤炭消费效率进行分析评价。通过计算分析得出，近十年来，中国工业行业总体煤炭消费效率呈逐年上升的趋势，但是效率水平仍然较低，轻工业煤炭效率最高，电力、热力、燃气的生产和供应业煤炭消费效率最低，重工业、采掘业煤炭消费效率也不高。从煤炭消费的地区来看，东部地区煤炭效率最高，而东北、中部、西部煤炭效率水平较低。

第五部分，主要耗煤行业的煤炭消费效率优化研究。根据工业行业煤炭消费状况和消费效率实证分析结果，选择六个主要耗煤行业，即煤炭采选业、石油加工炼焦及核燃料加工业、化学原料及化学制品制造业、非金属矿物制品业、黑色金属冶炼及压延加工业、电力热力的生产和供应业为研究对象，运用 Tobit 模型分析技术进步、煤炭价格、工业内部结构、工业行业的煤炭消费比重、工业行业的企业规模、工业化水平等影响因素对主要耗煤行业煤炭消费效率的影响。通过研究发现，各影响因素对六个行业煤炭消费效率的影响在影响方向和影响程度上存在差异，结合各行业煤炭消费效率背后影响因素的影响机制、路径、方向和大小的不同情况，分析各影响因素对每个行业煤炭消费效率影响差异的原因，为重点耗煤行业的节能实践提供一定的科学依据。

第六部分，提高煤炭消费效率的对策及建议。根据煤炭消费状况及消费效率的相关分析，结合中国的实际状况，提出提高煤炭消费效率的对策及建议，即提高能源研发投入，强化能源产业的技术创新能力，在煤炭开采、煤炭使用、煤炭燃后处理中，推广使用洁净煤技术；加大对煤炭的替代能源的开发力度，如加大开发石油、天然气资源，积极开发可再生的水能、风能、生物质能、太阳能等；调整产业结构，降低第二产业尤其是重工业的比重，转变工业经济增长方式，鼓励企业进行设备改造与运行改进，改革企业生产工艺和生产方法等；积极推进煤炭市场化改革，使煤炭价格能够体现出煤炭的稀缺性，使市场对煤炭资源进行最优配置；建立煤炭循环经济体系，在煤炭生产和煤炭使用过程中，应以煤炭的高效利用和循环利用为关键；加强政府的节能管理和完善环境保护的相关政策，尤其是加强对于重点耗能行业和重点污染物排放行业，如火电、钢铁、有色金属、化工、建材等的节能监督和管理。

第七部分，结论与展望。关于中国能源消费的研究越来越受关注，而对作为中国主要能源的煤炭的消费研究却很少，仅有的研究也多数停留在煤炭需求预测上。本书通过分析研究，提出以下三个创新点：(1)关于煤炭消费的影响因素的研究，对煤炭消费波动的动因进行深入探讨；(2)基于 DEA 煤炭消费效率评价的实证研究，分析煤炭消费效率的行业差异和地区差异；(3)基于 Tobit 模型的主要耗煤行业煤炭消费效率影响因素研究，指出各因素对煤炭消费效率的影响方向和影响程度的差异，分析各因素影响煤炭消费效率差异背后的原因。

本书所研究的煤炭消费及效率评价问题，主要基于中国是一个特殊的能源消费结构的国家，煤炭在中国能源消费结构中的比重最高，煤炭在中国能源中的地位重要，通过煤炭消费影响因素和煤炭消费效率评价的相关研究，了解煤炭消费波动的原因和各行业煤炭消费效率背后诸多影响因素的影响机制、方向和大小，从而为中国的节能实践提供可靠依据，这对于保障中国能源供应安全，促进经济的可持续发展具有重要意义，符合国家的长远利益。

本书写作过程中，得到中国矿业大学(北京)管理学院宁云才教授的精心指导，管理学院的王立杰教授、谭章禄教授、丁日佳教授、刘海滨教授等以及我的同事李翕然副教授也对本书提出宝贵意见，在此向他们表示深深的谢意，感谢他们给予我的帮助和指导。在本书的撰写过程中，参考了大量的文献资料，已在参考文献中将作者列出，但难免遗漏，在此，向所有作者表示感谢，他们的辛勤劳动和研究成果为我的写作提供了丰富的素材，给我很大的启发和帮助。

在本书审稿、出版过程中，哈尔滨工业大学出版社给予了大力支持、帮助，感谢出版社杨秀华老师的辛勤付出。

由于时间和水平的限制，本书难免有疏漏和不妥之处，恳请读者谅解并提出宝贵意见。我希望能够与读者一起探讨、共同努力，为我国能源经济与管理事业贡献力量。

著者

2016 年 1 月

目　录

第1章 绪 论

从中国整体能源消费、煤炭消费、能源供应安全、碳排放和碳交易的现状阐述本书选题背景，并阐述该选题的研究意义，对目前国内外关于此方面的研究现状进行综述，主要从能源消费研究、煤炭消费研究、能源效率研究三个方面介绍国内外的研究成果，从研究内容、研究方法和技术路径等方面对本研究的概况进行描述。

1.1 选题背景及意义

1.1.1 问题的提出

1.1.1.1 能源消费

根据《BP 世界能源统计 2011》的统计数据可以看出，在经历第二次世界大战以来全球最严重的一次金融危机之后，世界能源市场出现了一系列的动荡和结构的变化，能源消费在经济复苏的推动下有所回升。纵观 2010 年全球能源消费总量各国普遍增长，据统计 2010 年全球一次能源消费总量达到 120.02 亿吨油当量，能源消费与上年相比增幅为 5.6%，是 1973 年以来历年全球能源消费增长速度最快的一年。作为世界主要能源消费国家之一的中国，2010 年能源消费总量自 2000 年以来首次超过美国，成为全球最大的能源消费国，2010 年中国能源消费总量达到 24.32 亿吨油当量，能源消费增幅为 11.2%，占全球能源消费总量的 20.3%，而 2010 年美国的能源消费总量仅为 22.86 亿吨油当量，中国略高于美国。按照地区划分来分析 2010 年世界能源消费总量，包括北美洲、中南美洲、欧洲及欧亚大陆、中东、非洲、亚太地区在内，2010 年世界能源消费仍以亚太地区消费总量最大，占世界消费总量的 38.1%，而中国无疑是亚太地区销量的冠军，其消费总量比亚太地区其他所有国家总量还要多。消费量排名第二、第三的地区分别是欧洲及欧亚大陆和北美洲，欧洲及欧亚大陆能源消费量较高主要由于其所包含国家较多，除了俄罗斯、法国、意大利、德国、西班牙、英国等国家能源消费较欧洲其他国家高以外，欧洲其他国家能源消费量较低，而北美洲的三个国家能源消费量较其他大洲的国家明显提高，尤其是美国，它是除中国以外世界排名第二的能源消费大国。2010 年经合组织国家的一次能源消费与上年相比增幅为3.5%，占全球能源消费总量的46.4%，是1984 年以来的年增幅的最高水平，与2000 年54.35 亿吨油当量相比，经合组织国家一次能源消费增长仅为2.45%，其增长幅度不明显，增长速度缓慢。而包括中国在内的非经合组织国家的一次能源消费占全球能源消费总量的53.6%，其能源消费增长速度远远高于经合组织国家，能源消费较上年增幅达到7.5%，与2000 年39.47 亿吨油当量消费总量相比，非经合组织国家能源消费总量增幅达到63.01%。欧盟2010 年的能源消费总量较2009 年增幅为3.23%，占全球能源消费总量的14.4%，与2000 年能源消费总量17.2 亿吨相比增幅仅为0.73%，远远低于经合组织国家和非经合组织国家。

表1.1　全球主要国家及地区一次能源消费量(单位:百万吨油当量)①

地区	2000	2001	2002	2003	2004	2005	2006	2007	2008	2009	2010
美国	2 313.7	2 259.7	2 295.5	2 302.3	2 348.8	2 351.2	2 332.7	2 372.7	2 320.2	2 204.1	2 285.7
加拿大	302.3	298.2	303.1	312.3	315.2	325.3	323.6	329.0	326.6	312.5	316.7
巴西	185.2	182.9	187.1	192.5	199.9	207.2	212.7	225.4	235.1	234.1	253.9
法国	254.2	258.4	255.4	259.3	263.6	261.2	259.2	256.7	257.8	244.0	252.4
德国	332.3	338.8	334.0	337.1	337.3	333.2	339.5	324.2	326.8	307.4	319.5
意大利	176.5	177.5	176.3	182.3	185.8	186.2	185.4	182.4	180.7	168.3	172.0
俄罗斯	620.4	631.4	633.1	649.9	657.8	657.4	675.3	685.8	691.0	654.7	690.9
西班牙	130.2	134.0	135.9	144.4	151.1	153.4	154.1	158.6	157.1	146.1	149.7
英国	224.1	226.7	221.9	225.6	227.4	228.3	225.6	218.4	214.9	203.6	209.1
伊朗	121.2	128.0	141.8	149.3	156.1	177.0	185.7	189.6	197.4	205.9	212.5
沙特	117.9	123.0	127.6	135.8	147.4	152.3	158.5	165.2	179.6	187.8	201.0
澳大利亚	106.7	109.7	112.8	112.0	116.9	117.7	124.3	125.2	124.3	125.6	118.2
中国	1 038.2	1 072.5	1 140.4	1 313.5	1 531.3	1 691.5	1 858.1	1 996.8	2 079.9	2 187.7	2 432.2
印度	295.8	297.4	308.7	317.2	345.5	364.0	381.4	414.5	444.6	480.0	524.2

① 数据来自《BP 世界能源统计 2011》。

续表 1.1

地区	2000	2001	2002	2003	2004	2005	2006	2007	2008	2009	2010
印尼	98.4	104.0	108.7	117.6	116.9	120.5	122.0	129.6	123.6	132.2	140.0
日本	514.1	512.9	510.3	511.0	522.1	527.2	528.3	523.6	516.2	473.0	500.9
韩国	188.9	193.5	202.4	209.0	213.2	220.6	222.7	231.3	235.3	236.7	255.0
北美洲	2 757.2	2 698.5	2 738.9	2 761.8	2 817.1	2 835.4	2 821.2	2 870.0	2 818.0	2 683.7	2 771.5
中南美洲	464.4	467.8	472.0	479.4	500.2	522.3	548.1	569.6	589.9	585.0	611.9
欧洲	2 821.4	2 861.3	2 860.7	2 925.4	2 982.7	2 995.4	3 027.6	3 025.6	3 037.4	2 853.8	2 971.5
中东	416.2	439.5	460.0	481.5	514.5	553.0	579.1	601.4	644.9	664.9	701.1
非洲	272.1	278.4	286.7	300.4	318.0	324.6	329.0	343.6	354.1	360.1	372.6
亚太	2 651.2	2 720.1	2 833.5	3 049.3	3 349.5	3 570.2	3 782.8	3 988.3	4 091.5	4 215.6	4 573.8
经合组织	5 435.4	5 405.0	5 445.0	5 511.4	5 622.5	5 667.3	5 673.2	5 714.6	5 658.7	5 378.4	5 568.3
非经合组织	3 947.0	4 060.6	4 206.8	4 486.4	4 859.5	5 133.7	5 414.6	5 683.8	5 877.1	5 984.8	6 434.1
欧盟	1 720.4	1 751.8	1 738.9	1 777.0	1 805.9	1 808.2	1 814.0	1 786.9	1 783.9	1 678.6	1 732.9
世界	9 382.4	9 465.6	9 651.8	9 997.8	10 482.0	10 800.9	11 087.8	11 398.4	11 535.8	11 363.2	12 002.4

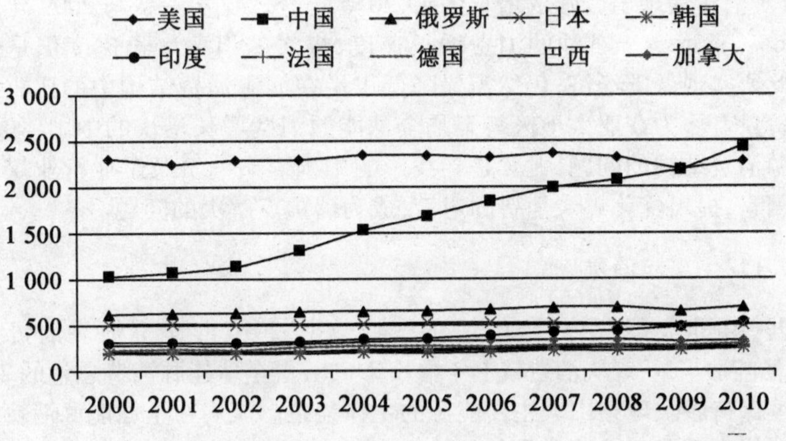

图 1.1　世界主要能源消费国能源消费总量变动情况(单位:百万吨油当量)

从能源消费总量及其增长幅度可以看出,发达国家能源消费总量稳定,增长幅度不明显,而不发达国家能源消费增长较快,增长幅度较大,不发达国家能源消费总量的增长是推动全球能源消费增长的主要动因。从 2000 年以后主要能源消费国的能源消费情况来看,中国能源消费总量变动最为明显,2000 ~ 2010

年能源消费呈持续上升趋势，且上升幅度较大，增长趋势明显。具有相同变化情况的还有另外一个主要能源消费国即印度，其能源消费总量虽不如中国的大，但其能源消费总量上升趋势明显。除此之外，全球其他 8 个主要能源消费国，在 2000 ~ 2010 年间能源消费总量平稳，虽有较小波动但波动幅度不大。主要能源消费国能源消费变动趋势不同，主要是由于各国所处的发展阶段不同造成的，其中处于工业化初期和中期的国家，由于工业化的推进对能源的依赖较大，会经历一个时期的粗放型增长期，即便是发达国家其在工业化初期也同样不可避免对能源的依赖。因此，中国和印度作为发展中国家其工业化起步较晚，随着工业化进程的推进，粗放型增长模式使其能源消费总量明显增加。而其他国家均是新兴工业化国家或者发达国家，其工业化起步较早，其经济增长方式已经历了工业化初期、中期、后期的演变历程，尤其是工业化后期其经历了管理资本主义和信息资本主义阶段，伴随着先进的管理理念、信息技术等的推广使用，使生产效率大为提高，其经济增长模式已完成从数量扩张粗放型向质量效率集约型的转变，因此虽然各国经济持续增长但其能源消费总量仍然比较稳定。

2010 年全球的能源消费结构，石油仍然是全球主要的能源之一，但其主体地位逐渐动摇，2010 年全球石油消费占全球能源消费总量的 33.6%，石油消费总量已经连续第 11 年市场份额缩水，2010 年石油的消费总量增速仅为 3.1%，其消费总量是全球所有化石能源消费增速最低的一个。伴随着石油消费份额的减少，煤炭消费表现出较强的增长势头，2010 年全球煤炭消费与 2009 年相比增长了 7.6%，远远高于石油的消费增长速度，煤炭的消费增长速度仍是遥遥领先。因此要实现低碳经济，仍然需要降低煤炭在能源消费结构中的比重及煤炭实际消费量。作为在亚太地区甚至是全球能源消费增长最快的中国，如何解决优化能源消费结构的问题，尤其是寻找影响中国煤炭消费及工业行业煤炭效率的影响因素，提出优化煤炭消费的对策，成为需重点解决的问题。

1.1.1.2 煤炭消费

根据《BP 世界能源统计 2011》的统计数据，2010 年全球煤炭消费总量为 35.558 亿吨油当量，煤炭消费较上年增长 7.6%，占全球能源消费总量的 29.6%，煤炭继续保持着全球第二大主要能源的主体地位。煤炭在全球能源消费结构中的主体地位也随着石油消费份额的减少而更加明显，10 年前煤炭在全球能源消费结构中的比重为 25.6%，10 年间煤炭消费总量占全球能源消费的比重提高了 4 个百分点。在煤炭消费的刺激下，煤炭生产也表现出强劲势头，2010 年全球煤炭产量为 37.31 亿吨油当量（折合原煤 72.73 亿吨），较上年增长了 6.3%，美国和亚洲产量增长较快，其中，中国煤炭产量增幅最快，增幅高达 9%，中国煤炭产量增长几乎占全球增长的 2/3，欧盟产量增幅为负。总体来说，全球煤炭供给需求基本实现平衡。

伴随着金融危机后的经济复苏,全球煤炭消费总量回升,2010 年全球煤炭消费总量较 2009 年增长 2.502 亿吨油当量,而中国 2010 年煤炭消费较 2009 年增长了 1.567 亿吨油当量,占全球煤炭消费增长的 62.63%。中国作为全球煤炭消费总量最大和煤炭消费增长较快的国家,其无论是煤炭消费还是煤炭生产,都遥遥领先于世界其他国家,2010 年最新数据显示,中国煤炭产量和消费量分别为 18.00 亿吨油当量和 17.14 亿吨油当量,分别较 2009 年增长 9.0% 和 10.1%,分别占全球煤炭生产总量的 48.3% 和消费总量的 48.2%,中国的煤炭生产和消费占据了全球的半壁江山。中国以外其他国家的煤炭消费增长也随着经济复苏有所增加,其中,经合组织所有地区煤炭消费都大幅增加,经合组织国家煤炭消费较上年增长 5.2%,为 1979 年以来的最高水平。

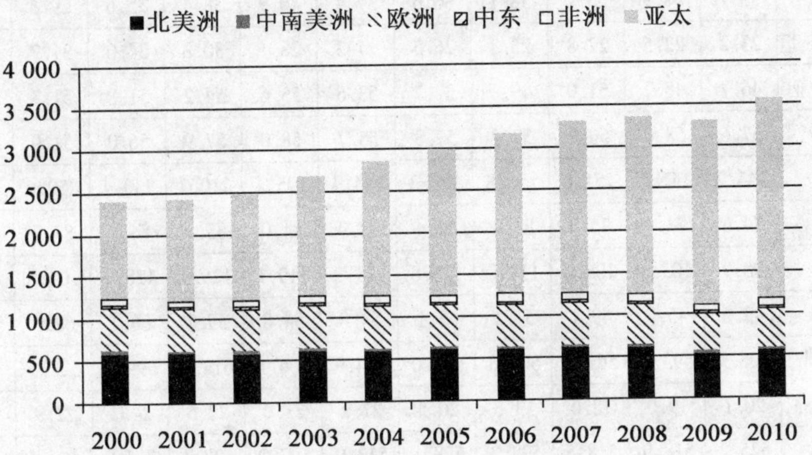

图 1.2 世界各大洲煤炭消费情况

对比世界其他主要煤炭消费国家近十年来的煤炭消费状况,同能源消费总量状况的变动有着近似的趋势。世界煤炭消费总量主要产生在亚太地区、北美洲及欧洲,亚太地区以中国为首占据世界煤炭消费半数以上,中国也是世界上煤炭消费增长最快的国家。在全球煤炭消费增长中,发展中国家由于经济起飞带来煤炭的大量消费,发展中国家煤炭消费增长占据了全球煤炭消费的主要增长点,而其中尤以中国和印度煤炭消费增长表现最为抢眼,中国的煤炭消费增长趋势最为明显,煤炭消费总量更是巨大。世界其他主要煤炭消费国家包括美国在内的煤炭消费总量较稳定,没有太大的波动。因此,如果发展中国家能够降低煤炭消费量或者减慢煤炭消费增长速度,对控制全球煤炭消费总量意义重大。对于正处在工业化和城市化的中国来说,面临如此巨大的煤炭消费总量,如何降低煤炭消费量,控制煤炭消费增长速度,进而实现中国经济可持续发展,既是一个挑战,也是一个必然。

表1.2　全球主要国家及地区煤炭消费量(单位:百万吨油当量)①

地区	2000	2001	2002	2003	2004	2005	2006	2007	2008	2009	2010
美国	569.0	552.2	552.0	562.5	566.1	574.2	565.7	573.3	564.1	496.2	524.6
中国	737.1	751.9	794.9	936.3	1 084.3	1 218.7	1 343.9	1 438.4	1 479.3	1 556.8	1 713.5
德国	84.9	85.0	84.6	87.2	85.4	82.1	83.5	85.7	80.1	71.7	76.5
俄罗斯	105.2	102.4	103.0	104.0	99.5	94.2	96.7	93.5	100.4	91.9	93.8
土耳其	25.5	21.8	21.2	21.8	23.0	26.1	28.8	31.0	31.3	32.0	34.4
乌克兰	38.8	39.4	38.3	39.0	39.1	37.5	39.8	39.7	40.3	35.0	36.4
英国	36.7	38.9	35.7	38.1	36.6	37.4	40.9	38.4	35.6	29.6	31.2
哈萨克斯坦	23.2	22.5	22.8	25.2	26.5	27.2	28.1	30.8	34.0	31.7	36.1
澳大利亚	46.7	48.2	51.0	49.8	52.7	53.6	55.6	54.2	51.8	51.7	43.4
波兰	57.6	58.0	56.7	57.7	57.3	55.7	58.0	57.9	56.0	51.9	54.0
印度	144.2	145.2	151.8	156.8	172.3	184.4	195.4	210.3	230.4	250.6	277.6
南非	74.6	73.4	75.9	81.4	85.4	82.9	84.0	85.1	84.7	87.7	88.7
日本	98.9	103.0	106.6	112.2	120.8	121.3	119.1	125.3	128.7	108.8	123.7
韩国	43.0	45.7	49.1	51.1	53.1	54.8	54.8	59.7	66.1	68.6	76.0
北美洲	606.9	593.0	591.1	604.5	603.0	614.9	606.1	614.7	599.9	528.1	556.3
中南美洲	20.1	19.0	18.0	19.6	20.5	21.2	21.0	22.6	24.2	22.9	23.8
欧洲	525.2	518.9	518.5	534.3	528.1	513.9	527.2	528.3	517.8	466.4	486.8
中东	7.3	8.3	8.7	9.0	9.0	9.1	9.1	9.3	8.7	8.8	8.8
非洲	82.9	82.6	85.4	90.0	94.7	92.1	92.6	93.1	92.7	94.1	95.3
亚太	1 157.1	1 190.7	1 254.9	1 419.9	1 603.1	1 761.6	1 908.6	2 037.5	2 098.4	2 185.3	2 384.7
经合组织	1 133.6	1 124.9	1 130.7	1 161.4	1 170.5	1 179.7	1 179.8	1 200.2	1 171.5	1 049.5	1 103.6
非经合组织	1 266.1	1 287.5	1 345.9	1 515.9	1 687.9	1 833.2	1 984.7	2 105.4	2 170.2	2 256.1	2 452.2
欧盟	314.9	315.7	314.0	324.3	319.1	310.4	317.7	316.7	294.4	259.9	269.7
地区	2000	2001	2002	2003	2004	2005	2006	2007	2008	2009	2010
世界	2 399.7	2 412.4	2 476.7	2 677.3	2 858.4	3 012.9	3 164.5	3 305.6	3 341.7	3 305.6	3 555.8

① 数据来源《BP世界能源统计2011》,核算范围仅指商用固态燃料,即:烟煤和无烟煤(硬煤)、褐煤与亚烟煤。

1.1.1.3　能源供应安全

全世界的煤炭资源储量比较集中，北半球北纬30°～70°的煤炭储量大概占储量的70%，而其他地区储量仅为30%左右。截至2010年底，世界煤炭探明可采储量为8 609.38亿吨，其中无烟煤和烟煤的可采储量为4 047.62亿吨，占总储量的47.01%；褐煤和亚烟煤的可采储量为4 561.76亿吨，占总储量的52.99%。具体的按地区划分全世界的煤炭储量，欧洲和欧亚大陆、亚洲太平洋地区、北美洲是煤炭储量富集地区，而非洲、中南美洲、中东的储量相对较少。若按国家划分煤炭储量分布，截至2010年底，全球可探明煤炭储量位居前10位的国家依次是：美国、俄罗斯、中国、澳大利亚、印度、德国、乌克兰、哈萨克斯坦、南非、加拿大。在可探明的煤炭资源总量上，中国位居世界第3位，占全世界煤炭探明总量的比重为13.3%，但是由于中国能源消费结构比例中，70%甚至更高的消耗能源是煤炭，大量的煤炭开采和煤炭消费造成了中国的煤炭储采比仅为35年，远远低于储量前10名的其他9个国家。由于煤炭资源属不可再生资源，未来如果中国煤炭资源在有限的时间内不能很好地使用，若在煤炭使用期内中国没有找到合适的替代能源，中国将面临严重的能源危机，中国能源消费将大部分依赖国外进口，这将不利于中国经济的可持续发展。因此，为了很好地解决中国经济发展将面临的煤炭资源枯竭及经济发展对煤炭巨大需求的矛盾，对中国煤炭消费进行深入研究是至关重要的。

表1.3　2010年世界煤炭探明储量前10位国家情况①

排序	国家	探明储量/百万吨油当量	比重/%	储采比/年
1	美国	237 295	27.6	241
2	俄罗斯	157 010	18.2	495
3	中国	114 500	13.3	35
4	澳大利亚	76 400	8.9	180
5	印度	60 600	7.0	106
6	德国	40 699	4.7	223
7	乌克兰	33 873	3.9	462
8	哈萨克斯坦	33 600	3.9	303

① 数据来源：《BP世界能源统计2011》。

续表 1.3

排序	国家	探明储量/百万吨油当量	比重/%	储采比/年
9	南非	30 156	3.5	119
10	加拿大	6 582	0.8	97
	世界	860 938	100	118

1.1.1.4 碳排放与碳交易

伴随着经济发展对煤炭等化石能源的巨大消费，全世界化石能源消费带来的二氧化碳排放量的增加速度也达到了较高的水平。科学家预计，若不能控制二氧化碳等温室气体的排放，随着碳排放的增加，地球对于碳排放的吸收能力将逐步下降，这将进一步加速地球变暖，严重的话将给全人类带来灾难。2009 年 11 月初，国际能源署（IEA）公布了年度报告《世界能源展望 2009》（简称 *WEO2009*），该报告主要提出了“在 2012 年《京都议定书》失效后利用‘碳排放总量限额与碳交易（Cap－and－Trade）’作为新的碳减排机制”。2010 年全球的煤炭消费以中国、印度、美国为首，但是中国和印度的煤炭消费均相对 2009 年达到高于 10% 的增长速度，此增长速度高于世界总体煤炭消费增长速度，更是高于主要煤炭消费国美国的增长速度，而世界经合组织 OECD 国家整体煤炭消费增长也仅为 5.2%，尤其是欧盟国家，煤炭消费增幅仅为 3.8%。为何伴随着金融危机后的经济复苏，金融危机影响较为严重的发达国家煤炭消费增长速度反而低于发展中国家，其中主要原因是 2008 年欧盟排放交易体系（EUEmissions Trading Scheme）中 CO_2 的交易价格不断提升，约束了欧盟国家对煤炭的消费，迫使欧盟国家寻找煤炭的替代资源，譬如天然气等。据统计，2008 年英国燃煤发电减少了 8.3%，燃气发电增长了 8.9%；德国燃煤发电减少了 6.5%，而燃气发电增长了 9.1%。发达国家为了降低碳排放正在逐步减少煤炭的使用而增加清洁能源的使用。作为占全球煤炭消费近半的中国，在 CO_2 排放量上已经取代美国成为世界最大的 CO_2 排放国，面对全球变暖的威胁，中国也应向发达国家学习，逐步降低煤炭能源的使用。*WEO2009* 中设定了 450 情景，即在全球范围内共同采取碳减排行动，通过努力将 CO_2 浓度控制在 450 ppm 以下，450 情景设置的具体目标为，在 2020 年前，只有 OECD 国家（经合组织）实施碳排放总量控制和碳交易制度，2012～2020 年将作为过渡期，对包括发展中国家在内的全球所有国家的重点行业的碳排放进行治理，如水泥、钢铁、运输等高耗能和高污染的行业实施强制的碳排放协议标准；在 2021～2030 年，全世界所有国家全面推广碳排放总量限额与碳交易政策。中国是全球最大的水泥、钢铁、汽车生产国之一，这些行业无疑都是高耗能行业，并且属于 450 情景中需要实施碳排放强度协议标准的行业，若在过渡期中国没有有效控制高耗能行业的碳排放，及时进行技术升级和技术改造,转变经济增长方式,就意味着从2021年开始,中国就要通过交易完成碳排放,这对中国经济的发展是非常不利的。因此,从碳排放和碳交易的角度来看,进行煤炭消费的相关研究迫在眉睫。

1.1.2 研究的意义

本书研究接触最新研究前沿,在国内外属首次对该问题进行系统性研究,具有十分重要的理论与实际操作意义。本书研究的意义主要可以从以下几个方面来阐述。

1.1.2.1 更好地完成"十二五"规划关于能源及环境保护的目标

"十一五"期间,虽然遭遇了国际金融危机以及国内四川汶川特大地震、青海玉树强烈地震、甘肃舟曲特大山洪泥石流等重大自然灾害,但是我国仍然出色地完成了"十一五"规划制定的关于单位国内生产总值能耗降低20%左右的指标。根据2010年中国能源统计年鉴数据,2005~2009年单位GDP能耗指标分别为每万元GDP1.28,1.24,1.18,1.12,1.08吨标准煤,2009年与2005年相比,单位GDP能耗降低21.88%,高于20%的预定目标。在"十二五"规划中,关于非化石能源占一次能源消费比重达到11.4%的能源消费结构目标,单位国内生产总值能源消耗降低16%的能源消耗指标,单位国内生产总值二氧化碳排放降低17%的碳排放指标,化学需氧量、二氧化硫排放分别减少8%以及氨氮、氮氧化物排放分别减少10%的指标,以及其他主要污染物排放总量显著减少,这些指标的确定也充分表达了我国节能减排的决心。按照规划中所提目标,要提高非化石能源消耗比重,必然要降低化石能源消耗比重,而中国化石能源以煤为主的能源消费结构的实际状况,要求我国对于煤炭的使用不但要降低消费总量,而且要提高煤炭消费效率,要时刻关注我国煤炭消费状况,尤其是关注重点耗能行业的煤炭消费效率状况,从重点抓起,只有这样才能突破"十二五"规划的能源环境目标。

1.1.2.2 为中国走新型工业化道路提供参考

"新型工业化"道路强调工业发展应充分发挥科技、人才、技术的优势,经济增长不以环境污染为代价,不靠大量资源消耗来推动,最终实现既优化产业结构又能提高经济效益,既保证经济的高速增长又节约能源和降低环境污染。西方国家工业化的经验告诉我们,走"新型工业化"道路是解决我国经济发展与资源环境矛盾的必然选择。但是如何实现新型工业化,如何转变经济增长方式是横亘在我国经济发展中的一大难题。我国某些行业仍然是传统粗放型经济增长方式,即靠大量能源消耗来推动经济增长,也就是通常所说的"高能耗低产出"模式。要改变这种经济增长模式,不但要正视目前我国煤炭消费现状,尤其要正确分析影响煤炭消费的因素对煤炭消费的影响程度,分析煤炭效率低下的原因,为国家制定产业政策、企业转变生产方式提供决策参考。本书通过对工业行业、各省煤炭消费效率的分析，分析行业、地区效率差异的原因，尤其是对主要耗煤行业煤炭效率影响因素的分析，为重点耗煤行业快速转型提供方向，通过典型行业的经济转型的经验和启示，也可带动全国经济增长方式的转变。

1.1.2.3 为国家制定相关政策、促进节能减排工作提供理论依据

国家《十二五规划纲要》提出："建设资源节约型、环境友好型社会的战略目标，并把节约资源和保护环境作为我国的一项基本国策来实施，具体体现为应节约能源，降低温室气体排放强度，促进经济社会发展与人口资源环境相协调。"① 在国际经济危机的背景下，保增长成为我国经济社会的主旋律之一，这是否与节能减排目标相背离？国家如何制约和监督各行业的节能减排工作？各行业、各地区又如何把握节能减排与经济增长的关系？从这个意义上来说，建立煤炭效率评价模型，探索煤炭效率优化的途径，将为政府制定相关政策提供依据的同时，也可通过各主体的煤炭效率真实对比分析，确定其煤炭效率在行业中乃至全国的地位，确定其相应的节能潜力，为各行业、各地区节能减排工作提供更合理的计量和考核标准，进而为各行业、各地区的节能减排工作提供科学依据。

1.2 国内外研究现状

1.2.1 能源消费研究综述

1.2.1.1 能源消费与经济增长的关系

经历了20世纪70年代石油危机之后，伴随着油价的攀升，从投入产出角度世界各国越来越关注作为重要生产要素的能源与经济增长二者的相互关系，国内外学者们也陆续进行了大量而丰富的研究。最早进行能源消费和经济增长之间关系研究的是美国学者，其中有代表性的是美国计量经济学家 Granger，他在1969年提出运用因果关系方法分析能源消费与经济增长之间的关系，该方法至今仍然被国内外学者广泛采用。在 Granger 之后，关于美国能源消费与经济增长二者之间关系的研究上，学者们先后进行了多次研究，其中 Kraft(1978)和 Akarca，Long(1980)利用美国 1947 ~ 1974 年间的相同样本得出不同的结论，Kraft(1978)得出的结论是美国的 GNP 影响能源消费的单向因果关系，但

① 资料来源：国家《十二五规划纲要》。

Akarca，Long（1980）经过计算发现 GNP 和经济增长的关系随着考察时间间隔变化而变化，若时间间隔改变则二者的因果关系也将发生变化，Yu（1984）把样本区间扩大为 1947～1979 年间美国能源消费和 GNP 的数据，得出美国能源消费与 GNP 增长之间不存在因果关系的结论。之后又有一些研究者，如 Abosedra，Bagbestani（1989），Cheng B S（1995），Stern（2000）也利用不同的时间间隔和不同技术得出与 Kraft 的结论相同或相悖的结论。

除了美国以外，学者们对世界其他国家能源消费和经济增长的因果关系也先后进行了广泛而深入的研究。学者们以不同地区为研究对象，其中，Erolu（1987）针对 6 个工业化国家，Yu 和 Choi（1985）针对韩国和菲律宾两个国家，Hwang 和 Gum（1992）、Cheng 和 Lai（1997）、Yang（2000）分别针对中国台湾地区，Masih（1996）针对亚洲（马来西亚、新加坡、菲律宾、印度、印度尼西亚、巴基斯坦）等 6 国，Asafu（2000）针对印度、印度尼西亚、泰国、菲律宾 4 国，Glasure，Lee（1997）针对韩国和新加坡两国，Soytas，Sari（2003）针对“七国集团”以及新兴市场经济国家总计 16 国，Masih（1997），Hondroyiannis（2002）分别针对希腊和韩国，Fatai 等（2004）针对新西兰、澳大利亚、印度、印度尼西亚、菲律宾和泰国等 6 国，分别进行了能源消费和经济增长二者关系的探讨。从学者们的研究结论不难发现，学者们在研究地区定义的时间范围内，研究各地区能源消费与经济增长二者的因果关系，由于研究地区、研究时间范围的不同，学者们对不同地区的研究结论各不相同，甚至同一地区由于研究时间范围的不同也出现不同的结论。其实，早在 Nelson 与 Plosser（1982）就发现宏观经济序列随着时间的变化具有动态性，Stock 与 Watson（1989）也提出在研究变量因果关系时，所得结论受序列的稳定性影响较大，Wankeun，Kihoon（2004）通过实证分析证明了能源消费与经济增长的因果关系会随着时间变动而变动。这也揭示了能源消费和经济增长的关系是动态变化的，随着时间的推移，能源消费和经济增长的数据发生调整变化，二者的关系也在不断地发生变化。因此，国内外学术界对于能源消费和经济增长关系的研究从未停止过，这也充分证实了二者关系的复杂性和重要性。上述文献研究能源消费与经济增长关系还有一个共同点，就是普遍采用了因果关系方法进行能源消费和经济增长关系的研究，如今经过 40 多年的广泛使用研究，该方法也日渐成熟，充分证明了该研究方法在研究能源消费和经济增长关系上的适用性和可靠性。

关于中国能源消费与经济增长关系的研究，国内学者也进行了一定的探索与实践。学者们在学习国外先进研究成果的基础上，立足于中国实际状况，对中国能源消费与经济增长之间的关系进行定量研究，主要从能源消费总体或各能源消费品种如石油、电力、煤炭等的消费出发，研究其与经济增长的相互关系。本书对中国能源消费与经济增长关系研究现状按照能源品种、地区、能源消费整体三种情形分类阐述。首先，学者们按照中国主要能源的种类分别研究一种能源消费量或几种能源消费量与经济增长的关系，譬如，有学者对中国的重要二次能源电力的消费与经济增长的关系进行研究，林伯强（2001，2003）分别实证研究了中国电力需求与国民收入、价格、重工业在国民收入中所占比重等七个经济指标之间的长期均衡关系，并提出电力消费需求与经济增长具有内生性的结论。王海鹏等（2005）再次研究中国电力消费和经济增长之间的关系，得到电力消费与经济增长之间互为影响关系的结论。马超群、储慧斌（2005）、曾胜等（2009）分别利用计量经济模型，对中国的主要能源品种煤炭、石油、电力等与经济增长的关系进行研究，得出中国能源消费结构以煤为主，结构并不合理的结论。其次，学者们分地区进行了能源消费与经济增长关系的研究，如王火根、沈利生（2007）运用空间计量的方法，研究中国各地区能源消费与经济增长的空间相关性。于全辉、孟卫东（2008）建立计量经济模型研究中国东部、西部地区的能源消费与经济增长的协整关系。再次，学者们关于中国能源消费总量与经济增长之间关系进行深入研究，此方面的研究相对于其他研究更为丰富。韩智勇等（2004）研究结论为中国能源消费与经济增长长期不存在协整关系，但是二者存在互为影响的双向因果关系。王海鹏等（2006）、吴巧生等（2005，2008）、师博（2007）、王宇新等（2007）、赵进文等（2007）运用计量经济模型对中国能源消费与经济增长的因果关系的研究结论基本一致，均为经济增长是促进能源消费的动因，或者说二者之间存在着从经济增长到能源消费的单向因果关系。只是由于各作者研究时间区间不同，有的是长期存在单向因果关系，短期不存在单向因果关系，而有的作者得出的结论是一直存在经济增长到能源消费的单向因果关系。关于中国能源消费和经济增长关系研究的文献，大多是对经济总量即 GDP 与能源消费总量数据进行分析，描述二者的变化规律，利用 EG 协整理论建立能源消费与 GDP 及其他相关变量的误差修正模型，判断各变量之间的长期均衡关系及短期波动关系，再进行标准的 Granger 因果关系检验，判断各变量间的因果关系。各文献研究结论有所不同，主要取决于各研究所分析的时间区间不同，或者所考虑的其他因素不同所致。

1.2.1.2　能源消费结构的研究

关于中国的能源消费结构，国内学者进行了一系列的研究。尹春华、顾培亮（2003）利用缓冲算子预测原理对中国能源消费结构中的重要能源，煤炭、石油、天然气及水电进行短期消费预测分析。田志勇等（2008）根据熵增加原理利用影响能源消费结构的各因素建立能源消费结构模型，进而计算最优的能源消费结构。孙晓鑫、孔微巍（2008）建立以煤炭、石油、天然气和电力的消费量为投入数据，以 GDP 作为产出数据的投入产出回归模型，得出中国能源对产出的贡献率较低，单位 GDP 能耗较高的原因在于一次能源消费结构的不合理的结论。宋春梅（2009）采用能源强度法对中国未来各部门的能源需求进行预测。关于能源消费结构的研究，学者们尝试了各种方法进行分析，得出我国能源消费结构不合理的结论，符合我国能源实际消费情况。

1.2.2 煤炭消费研究综述

国内学者关于煤炭消费的研究，主要集中于煤炭消费与经济增长的因果关系的研究。任少飞、冯华(2006)、武普照、李广泳(2008)、朱博智、杨万华(2008)、张炎涛、李伟(2007)、SeungHoonYoo(2006)分别运用协整理论、误差修正模型、Granger因果关系检验，对中国煤炭消费与经济增长的长期均衡关系和因果关系进行研究。Gerard A F(2007)利用能源平衡结构模型分析煤炭需求与经济增长之间的关系。孟岩、张屹山(2007)利用变参数模型，张兆响等(2008)、赵梦楠、周德群(2008)利用变结构协整模型对中国煤炭消费、经济增长的长期均衡关系和因果关系进行研究。张兴平等(2008)建立煤炭消费与影响因素之间的多变量协整模型，分析各因素与煤炭消费的短期波动、长期均衡及因果关系。李金克等(2009)、吴永平等(2008)运用协整理论和格兰杰因果关系检验对世界主要煤炭消费国的煤炭消费与经济增长的关系进行研究，分析其一般规律性。邱丹、秦远建(2009)利用协整理论分析影响中国煤炭消费的两个主要因素煤炭价格与经济增长的关系。

国内学者关于中国煤炭消费的研究，都集中在变换研究方法去研究煤炭消费和经济增长之间的相互关系，忽略了其他因素对煤炭消费的影响。虽有其可借鉴之处，但不难发现研究内容过于狭隘，其研究结论的应用性也随之降低。

1.2.3 能源效率研究综述

关于能源效率的阐述，最早来源于1995年世界能源委员会在《应用高技术提高能效》一书中，提出“要减少提供相同产出的能源投入量”，其中体现了关于能源效率的思想。关于能源效率的研究可分为经济上的能源效率和物理上的能源效率，即能源经济效率和能源物理效率。所谓能源经济效率通常一般用单位产出的能源消耗量或单位产品能源消耗量来表示，主要用来衡量能源在单位产出上的使用量，或者说单位能源在产出上的贡献率。能源经济效率越高则体现为单位产出的能源消耗量越低或单位产品能源消耗量越低，也可说成是单位能源对产出贡献率越高，反之能源经济效率越低则体现为单位产出的能源消耗量越高或单位产品的能源消耗量越高，也可说成是单位能源对产出的贡献率越低。能源物理效率是指一种能源作为投入要素生产另外一种能源，即一种能源转化为另外一种能源，如煤发电、煤制天然气等，能源转换中的投入产出比例即为能源的物理效率，一般的，当能源产出既定，能源投入越少，则能源物理效率越高；或者，当能源投入既定，能源产出越多，则能源物理效率越高。从现有文献研究内容来看，学者们进行能源效率的研究几乎都是关于能源经济效率的研究。为了规范能源效率值的衡量指标，国际能源组织在1997年给出一个从顶部逐步向底部分解的能源效率指标金字塔，Phylipsen在此金字塔基础上，对能源效率指标进行部分修改和拓展研究。

国外关于能源效率的研究主要针对不同行业的能源效率研究,如电力行业、煤炭行业等。除了行业的研究以外,国外关于能源效率的研究还在各个经济主体之间进行比较。例如, Thomas 等(1985)、Weyman (1991)、Hjalmarsson (1992)、Tript 等(2006)运用 DEA 方法对德克萨斯州区域(Thomas 等)、英国和威尔士的12个地区(Weyman)、瑞典(Hjalmarsson)、印度(Tript 等)的电力行业效率进行了评价。Ramanathan 等(2005)使用 DEA 方法对中东和北非国家进行了能源效率分析。Azadeh 等(2006) 以电力和化石燃料作为投入,经济产值为产出,使用 DEA 方法对爱尔兰的化工业进行效率评价。Hu 和 Wang (2006)使用 DEA 方法分析了 1995 ~ 2002 年中国 29 个省份的能源效率。Hu 和 Kao (2007)使用 DEA 方法对 APEC 的经济进行效率评价,得出能源节约目标和 GDP 增长并不矛盾的结论。Chien 和 Hu (2007)利用 2001 ~ 2002 年的数据,把劳动力、资本、能源消费作为输入,GDP 作为输出,运用 DEA 方法分析了 OECD 与非 OECD 经济体 45 个成员国的可再生能源消费效率和整体经济效率。

国内学者关于能源效率也进行了广泛的研究。魏楚、沈满洪(2009)把能源效率的计算方法归纳为两种:一是单要素能源生产率,即只考虑能源投入和产出之间的对比关系,忽略了其他生产要素对于产出的贡献,该提法来源于 Patterson (1996)提出的 4 类衡量指标:即热力学指标、物理 - 热量指标、经济 - 热量指标和纯经济指标;二是全要素能源效率,一定程度上克服了单要素能源生产率的缺点,综合考虑多种投入要素对产出的影响,在能源投入与产出关系研究上考虑了其他生产要素对于产出的贡献,其反映的是综合能源效率。

运用单要素能源生产率研究能源效率的学者主要有:史丹(2002)、蒋金荷(2004)、王庆一(2003)、李廉水、周勇(2006)、杨正林、方齐云(2008),他们在能源效率研究上都使用的是单要素能源生产率研究。单要素能源效率评价,由于仅考虑能源投入对产出的影响,一定程度上片面夸大了能源投入在生产过程中的作用,但是由于该计算方法操作简单,该方法仍然被相关研究使用。随着研究的深入,研究者考虑到其他生产要素对产出的影响,因此在计算能源效率时将原有的单一要素投入扩展为多要素投入,即所谓的"全要素能源效率"或"多要素能源效率",一般的学者们都称其为"全要素能源效率"。全要素能源效率计算过程符合生产过程的本质是多种要素相互作用的原理,在能源效率的计算上更为客观真实,但其计算过程相对单要素能源效率要复杂得多。

关于能源效率的计算过程,学者们运用了不同的计量经济方法对能源效率进行计算和分析,具体来说常用的有参数法和非参数法。参数法是通过设定具体的生产函数,利用计量经济方法估计参数和能源效率值,主要有随机前沿(Stochastic Frontier)和确定前沿(Deterministic Frontier)估计方法。通常以随机前沿分析(SFA)为代表,随机前沿模型可以有效解决在测算效率过程中数据庞大可能造成的随机误差,使评价结果不受某些误差值或异常值的影响。非参数方法如数据包络分析(DEA),不需要已知生产函数的具体形式,只要已知投入产出的数据即可通过线性规划模型来度量效率。该方法是国内在现有研究能源效率文献中应用最为广泛的评价方法。在具体操作上根据学者们投入产出要素指标选取的不同,大体上可以分为两类:第一类是多投入期望产出的能源效率评价,如高振宇、王益(2006)、曾胜等(2009)、李世祥、成金华(2008)、陈军、成金华(2007)、王群伟、周德群(2008)、冯蕾(2009)、严菲、谭忠富(2009)、王群伟等(2009)、唐玲、杨正林(2009)分别运用DEA方法,利用各省面板数据和工业面板数据,对能源有关效率进行评价,并对影响能源效率的因素进行分析。该类研究仅考虑了多要素投入,但是忽视了在能源消费过程中,除了期望产出以外,还存在着环境污染等非期望产出。因此,第二类是多要素投入,多产出(包括期望产出和非期望产出)的能源效率评价,如吴琦、武春友(2009)、王简辞、张欢(2009)、王群伟、周德群等(2009)运用DEA方法建立可处理非期望产出的能源效率评价模型,综合考虑能源利用带来的经济产出和环境影响。关于能源效率的研究,无论是国外还是国内在研究方法和研究指标等的选择上都日益成熟,这也为本书研究煤炭消费效率提供了丰富的可借鉴资源。

1.3 主要研究内容和研究思路

1.3.1 主要研究内容

随着相关理论研究的深入进行,一个新的关于能源消费研究课题逐渐浮现。即煤炭消费及消费效率评价的相关研究,本书拟定对该课题进行研究的内容包括:

1.3.1.1 中国煤炭市场现状分析

首先,利用图形、表格等手段,进行中国煤炭消费的总量分析和结构分析,在消费结构分析中重点对主要耗煤行业的消费状况进行分析;其次,介绍中国煤炭资源的分布特点,得出中国虽然煤炭资源总量丰富但人均剩余量少、优质煤种较少、资源地理分布不均衡等结论;再次,对煤炭生产现状、进出口状况进行分析,结合中国能源总量和结构的变动趋势,煤炭进出口国家和进出口总量,分析煤炭供给变动趋势;最后,进行煤炭的供求平衡分析,探讨煤炭供求存在差额的原因。

1.3.1.2 中国煤炭消费主要影响因素分析

基于我国目前煤炭消费现状,寻找影响我国煤炭消费的相关因素,并分析相关因素对煤炭消费的影响程度。关于能源消费与经济增长之间的关系和能源消费结构的研究,国内外进行了丰富的研究。但是,对于中国这样特殊资源禀赋的国家，现有研究多停留在对所有能源（石油、煤炭、电、天然气等）与经济增长关系的研究上，对煤炭消费影响因素和煤炭消费结构的研究甚少，缺乏系统分析。本书根据影响煤炭消费的各因素的历史数据，如经济增长、煤炭价格、产业结构、技术创新等与煤炭消费的历史数据，利用协整理论、脉冲响应函数、非结构化向量自回归模型研究中国煤炭消费及其影响因素之间的互动机制和动态变化，考察煤炭消费效率与其影响因素之间的长期均衡效应及动态响应。

1.3.1.3 煤炭消费效率评价

能源结构及相关的能源效率问题历来是我国能源消费的重要问题。因此，本书在对煤炭消费影响因素分析的基础上，对我国煤炭在工业行业和不同地区的消费效率进行评价。基于 DEA 方法在评价能源效率方面具有的适用性和准确性，本书进行效率评价采用的方法继续沿用 DEA 方法，运用 DEA 方法对煤炭在各行业、各地区的消费效率进行计算，根据模型输出结果，分析随着时间变化的工业整体煤炭消费效率变动，以及工业各行业煤炭消费技术效率、纯技术效率、规模效率的变动，煤炭消费效率的地区差异及其变化趋势等。

1.3.1.4 主要耗煤行业煤炭消费效率的优化研究

在前面煤炭消费现状分析、煤炭消费影响因素分析、煤炭消费效率评价基础上建立 Tobit 模型，对重点耗煤行业煤炭消费效率的影响因素进行分析，并对模型运行结果进行分析。针对煤炭消费效率和消费影响因素分析的结论，从宏观角度提出提高煤炭效率、优化煤炭消费的对策和建议。

1.3.2 研究思路

煤炭消费及效率评价的研究涉及管理学、经济学、运筹学、社会学等多个方面，具有多学科交叉的特性，研究解决该问题拟采用多学科的不同理论、模型和技术手段的综合。本书总的研究方法是基于科学发展观的角度，运用效率及生产率分析理论和计量经济学理论，研究面向我国的煤炭消费。

本书的技术路线是“理论阐述—系统分析—理论方法研究—模型构建—模型运行—模型修改—结果分析—政策建议”（图 1.3）。

1.4 本章小结

本章主要完成三部分内容的阐述：首先，从我国能源消费、煤炭消费、能源供应安全、碳排放和碳交易的角度介绍本书的选题背景及选题意义；其次，介绍国内外关于此类选题的研究现状，主要从能源消费研究、煤炭消费研究、能源效率研究三个方面,分析现有研究的经验和不足;再次,根据本书的研究目的和研究意义,确定本书的研究内容和研究思路。

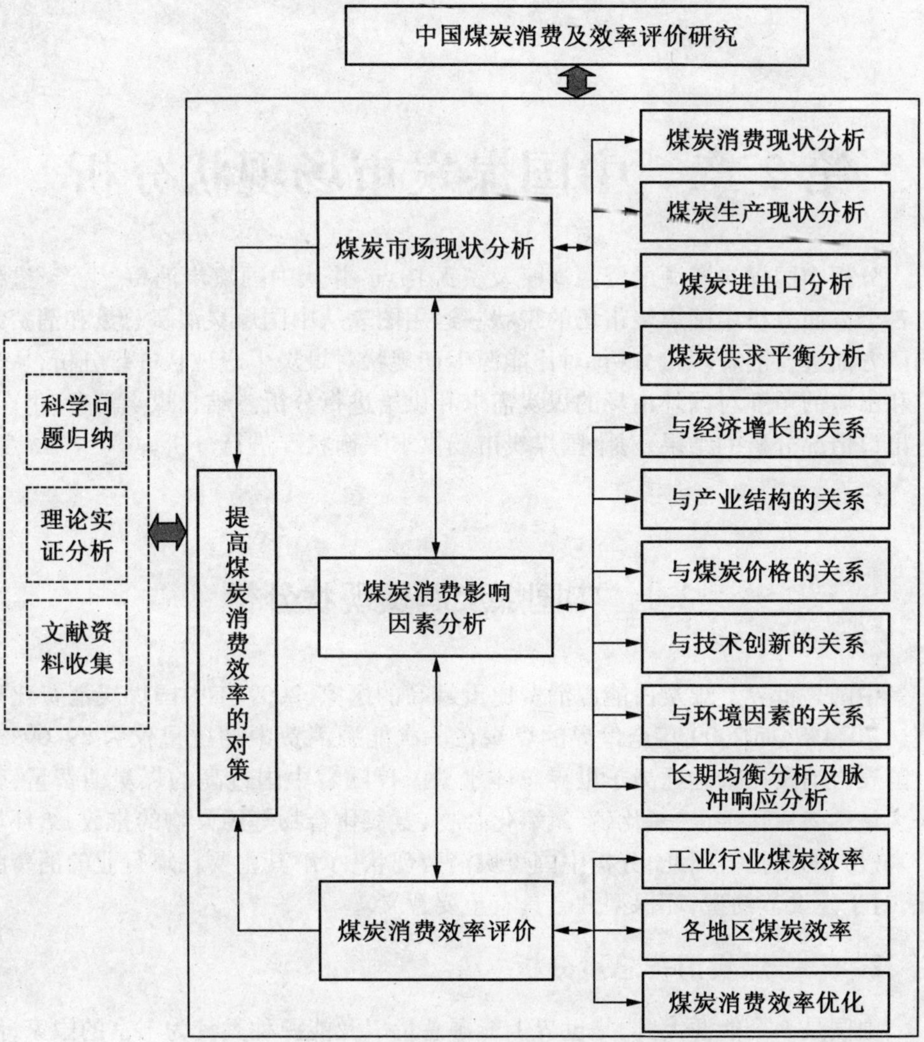

图1.3 本书整体技术路线图

第2章 中国煤炭市场现状分析

分析中国煤炭资源的资源禀赋及资源特点，并从中国煤炭消费、生产、进出口三个方面分析中国煤炭市场的现状。运用图表从中国煤炭消费总量和消费结构两方面进行消费现状分析，对比能源生产现状对煤炭生产现状进行分析，从进口和出口的角度对国外市场的煤炭需求和供给进行分析。结合煤炭消费、生产、进出口情况分析的结果，对中国煤炭市场供求平衡状况进行分析。

2.1 中国煤炭消费现状分析

中国是世界上煤炭占能源消费比重最高的国家，2009年中国煤炭消费比重高达70.4%，而2009年全世界的煤炭在一次能源消费中的比重仅为29.09%，中国煤炭消费比重远远高于世界总体水平。伴随着中国过高的煤炭消费量，带来大量的二氧化碳、二氧化硫、氮氧化合物、氨氧化合物等污染物的排放，给环境带来极大的负担。因此，分析中国煤炭消费现状，了解其主要耗煤行业的消费状况，对于建设节约型、环保型社会具有重要意义。

2.1.1 煤炭消费总量分析

中国是一个能源大国，是世界上能源总量以及能源种类较为丰富的国家，但是中国的能源总量分布结构却不理想，虽然总量丰富但是分布不均，形成了中国的能源生产和消费基本上以煤炭为主的局面。从1953～2009年我国能源消费比重可以看出，煤炭消费比重基本上都在70%上下波动。根据发电耗煤计算法计算的中国能源消费结构数据绘制图2.1，如图可以看出我国煤炭消费比重经历过几次波动，1953～1976年，这段时间中国经历了“大跃进”和“文化大革命”，能源消费总量呈现较大幅度波动，煤炭消费在一次能源消费中所占比重虽有小幅波动，但总体上呈下降趋势；从1976至1996年，是经历了十年动乱之后，我国迎来了改革开放，国民经济进入调整和恢复阶段，我国国民经济开始稳定增长，我国煤炭消费比重呈现缓慢上升趋势，1987 年达到最高点煤炭消费比重升至 76.2%，之后一直到 1992 年煤炭消费比重进入一段相对稳定的时期，煤炭消费比重上下浮动不超过 1%，1992 年至 1996 年间略有起伏，1996 年煤炭消费比重较最高点 76.2% 下降不到 3 个百分点；从 1997 至 2002 年，我国进入产业结构调整阶段，2000 年煤炭消费比重跌至 70% 以下，煤炭消费在一次能源消费中的比重明显下降，到 2002 年降至 68%；从 2003 年开始，由于经济高速发展及我国能源消费对煤炭的依赖，煤炭在一次能源消费中的比重又缓慢上升，但起伏不大，始终在 70% 左右波动。总体来看，改革开放后我国经济发展速度加快，对能源需求总量增加必然导致煤炭消费增加，但是从其所占能源消费比重来看，基本保持在 70% ~80% 之间，而其他能源消费比例在逐年提高，尤其是清洁能源消费比例在不断提高，这也是我国未来能源消费的主要调整目标之一，即降低煤炭等化石能源消费，提高天然气、水电、核电等清洁能源消费，促进经济低碳增长。

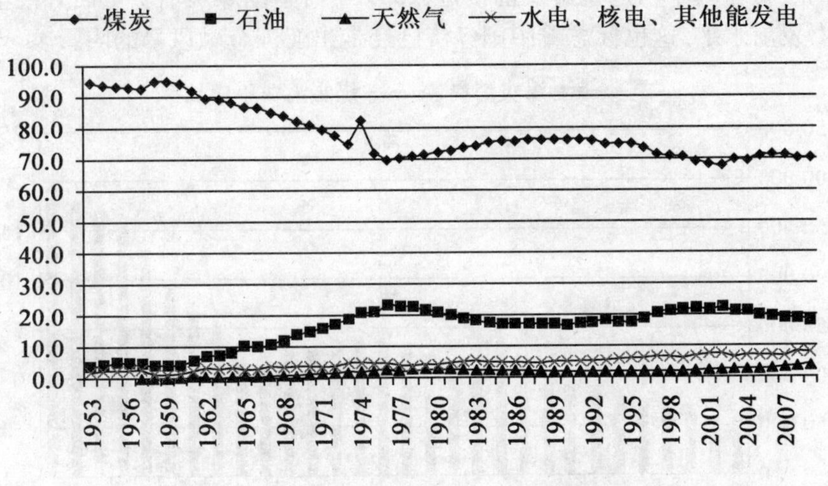

图 2.1　1953 ~ 2009 年中国能源消费结构

图 2.2，给出了煤炭消费量变化趋势图，同时给出了较上年相比的煤炭消费增长情况即年增长率。从煤炭消费总量来看，自 1980 至 2009 年，除个别年份煤炭消费量下滑外，我国煤炭消费总量总体保持上升趋势。对比世界发达国家近年来煤炭消费状况可以看出，煤炭消费量世界排名前五位的国家，只有印度有小幅上升，其他国家煤炭消费量较稳定，有的国家如美国有些年份有小幅下降，对比之下中国煤炭消费量近年来增长速度较快，而且在世界煤炭消费量中的比重也最高，2009 年中国煤炭消费量占世界煤炭消费总量的 47.1%，煤炭消费量世界第二名的美国其煤炭消费量占世界总量的比重为 15.0%，2010 年中国煤炭消费总量占世界煤炭消费总量的比重继续上升至 48.2%，美国占世界煤炭消费总

量的比重下降为14.8%,无论是2009年还是2010年,中国煤炭消费量的世界占比均高出美国30多个百分点。中国煤炭消费总量的居高不下,是困扰中国经济的重要难题,也是中国"十二五"期间面临的巨大挑战。从中国煤炭消费总量的总体趋势来看,煤炭年消费增长率很不稳定,1980~2009年间,煤炭消费增长率波动较大,从具体的波动情况看,煤炭消费增长率趋势明显受到两次重要金融危机影响。具体分析如下:

首先,亚洲金融风暴对煤炭消费的影响。1997~1998年爆发的亚洲金融风暴对煤炭消费的影响,从图2.2中可以看出,1980年以来,一直保持上升态势的煤炭消费量,在1997年开始大幅下滑。1997年始发于泰国的亚洲金融风暴,对包括中国在内的亚洲国家经济造成严重影响,对中国影响比较显著的是1997年和1998年,中国经济承受了极大的压力,经济受挫直接导致煤炭消费量下滑。从1999年以后伴随着中国经济复苏,煤炭消费量开始逐渐增加,但直到2002年煤炭消费量才基本与危机爆发前接近,2003年后中国煤炭消费量回升甚至超过危机爆发前水平,这也标志着中国经济已经走出亚洲金融风暴的阴影。

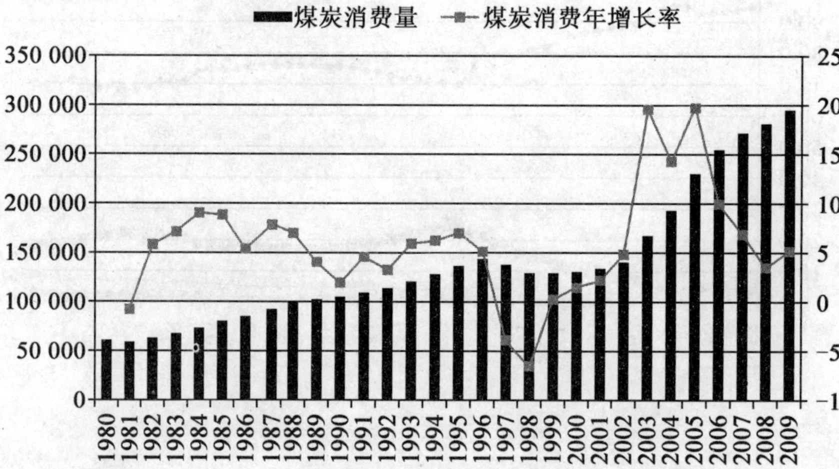

图2.2　1980~2009中国煤炭消费总量及增长率(单位:万吨,%)

其次,美国金融危机对煤炭消费的影响。2008年9月美国金融危机全面爆发,全球经济均受到严重影响。中国在2008,2009年两年的煤炭消费年增长率和全部能源消费年增长率均低于2007年的年增长率。根据2010年中国统计年鉴,2008年能源消费年增长率仅为3.9%,2008年煤炭消费年增长率为3.06%,煤炭消费年增长率低于能源消费年增长率。2009年能源消费年增长率和煤炭消费年增长率较2008年有所增加,能源消费年增长率和煤炭消费年增长率分别为5.21%,5.24%,但均低于2007年能源消费年增长率和煤炭消费年增长率

8.44%,6.93%。并且低于1980～2009年能源消费年均增长率5.77%和煤炭消费年均增长率5.59%(如图2.3)。由此可以看出,金融危机使国内外实体经济发展速度减慢,对中国经济的影响较为显著,以往生产和消费两旺的煤炭市场变得冷淡,在2009年煤炭市场出现供给大于需求状况,这也是1990～2009年20年间首次出现的供求平衡差额为正的情况。

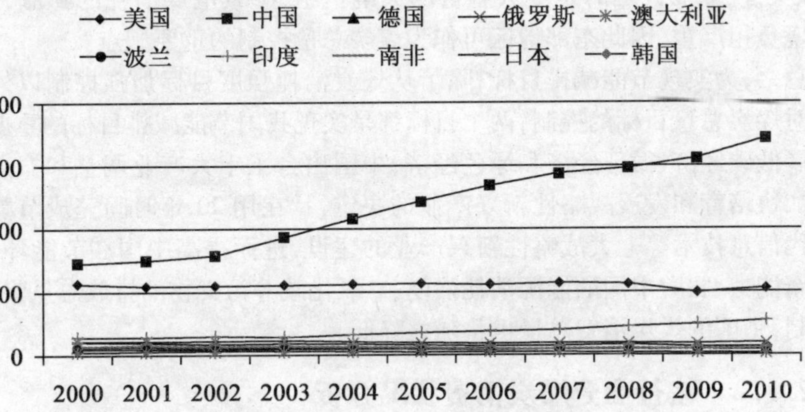

图2.3 世界主要煤炭消费国家煤炭消费变动①(单位:百万吨油当量)

1980～2009年期间,中国煤炭消费年平均增长率低于中国整体能源消费年均增长率,也就是说对比其他能源,煤炭消费平均增长率不高,但不容忽视的是煤炭消费总量仍是增加的。纵观"十一五"期间全国虽接近完成20%的节能目标,却并没有控制住煤炭乃至能源总体消耗的过度增长,地方经济的快速增长依然严重依赖高耗能行业,在"十一五"末期年度能源消耗总量已从2005年的23.6亿吨标煤增长到2010年32.5亿吨②,同比增长37.7%③,煤炭消耗量与温室气体的排放也大幅度增加。国务院2011年下发的《"十二五"节能减排综合性工作方案》,提出"合理控制能源消费总量"的概念,并同时提出为保证总量控制目标的实现,应把总量控制目标分解落实到地方政府,尤其是要在重点煤炭消耗区域开展煤炭消费总量控制试点。该方案的提出,标志着在"十二五"期间我国的能源控制目标不但包括能源强度目标,而且包括能源消费总量控制目标,而在能源消费总量的控制中,煤炭消耗总量控制将会在其中扮演重要的角色。方案中提到应在重点区域开展煤炭消费总量控制,该方法是有效实现能源消费总量控

① 数据来自《世界能源统计回顾2011》。

② 根据BP公司 *Statistical Review of World Energy* 2011 数据计算。

③ 2010年数据来源于互联网能源界文章《东部地区可先行试点煤炭消耗总量控制》。

制的重要途径。在“十一五”期间,在能源强度目标的控制上我国政府出台了一系列的能源政策,并积极开展行动推动了很多行业技术改革和能效提高,一定程度上对于能源强度的控制起到了积极的作用。但某些地区和行业在此次改革中仍然出现一些问题,如我国东部地区珠三角、长三角、京津冀等经济发展过度依赖煤炭,由于工业行业对电力需求的增加,加之火电行业为了提高能效,“小火电”被关停,取而代之的是更大容量的火电机组,导致电煤消耗的膨胀,造成区域环境负担严重,因此东部地区可作为煤炭总量控制的重要试点。

总之,为实现节能减排目标,除了从煤炭消耗强度目标加强控制以外,也应加强对煤炭总量目标的控制,两个目标都是实现我国节能减排目标的重要途径。为发展低碳经济、循环经济和绿色经济,中国出台了十大产业调整和振兴规划,以及加快培育和发展战略性新兴产业的决定,旨在用20年时间完成节能环保、新一代信息技术等七大战略性新兴产业的建设,进而提高中国在节能环保领域的创新能力,届时中国的能源消耗强度、二氧化碳等污染物的排放总量将得到有效控制,中国的煤炭消费总量也将随之降低。

2.1.2 按行业分煤炭消费状况分析

按照煤炭消费是否作为最终原材料投入生产和消费可以分为终端消费和中间消费。终端消费主要指煤炭作为最终原材料用于产品生产过程或直接消费。煤炭中间消费主要指煤炭用来生产其他能源,而不是直接应用到生产过程,主要指煤炭加工转换,包括发电、供热、炼焦和制气等。20世纪90年代以前,我国煤炭终端直接消费量一直大于加工转换量,终端消费最高时约达6.2亿吨。90年代中期以后,随着我国工业的快速发展,煤炭消费结构发生改变,国内新增煤炭消费量开始向中间消费转移,煤炭消费总量中绝大部分用于加工转换,而终端直接消费总量呈下降趋势,直到2003年中国入世以后,终端煤炭消费总量开始有所增加,但随着国内煤炭消费总量的增加其所占比例仍是呈下降趋势。1985~2009年,用于加工转换的煤炭由2.54亿吨增加到21.21亿吨,年均增长9.25%,占国内煤炭消费总量的比重也由31.12%增加到71.7%,比重提高达40%;用于终端直接消费的煤炭由5.27亿吨增加到8.37亿吨,占国内消费总量的比例由64.59%下降到28.29%(如图2.5)。

按照三次产业结构划分方法,中国煤炭在三大产业的消费量差别很大。全国煤炭消费主要集中在第二产业,第一产业、第三产业相对较少。按照中国统计年鉴和中国能源统计年鉴的行业划分方法,图2.5给出各行业历年煤炭消费状况,从图2.5可以看出,随着中国经济的快速发展,工业在国民经济中的地位逐渐提高,其消耗的煤炭在煤炭消费总量中所占的比重逐年提高,工业煤炭消费比重从1996年的76.85%到2009年的94.61%,比重提高了17.76%,其他行业煤炭消费比重在2009年不足6%。按照行业划分煤炭消费总量除了工业以外，消费量最大的是生活消费用煤，如图2.6，近20年来虽然人口有所增加，但是我国生活用煤总量变动不大，尤其是近10年来生活消费用煤较20世纪90年代初有所减少，这也是近些年来国家加快电力发展和一次能源的转化，减少居民生活直接用煤消费，不但提高了煤炭利用效率而且提高了我国的环保水平。

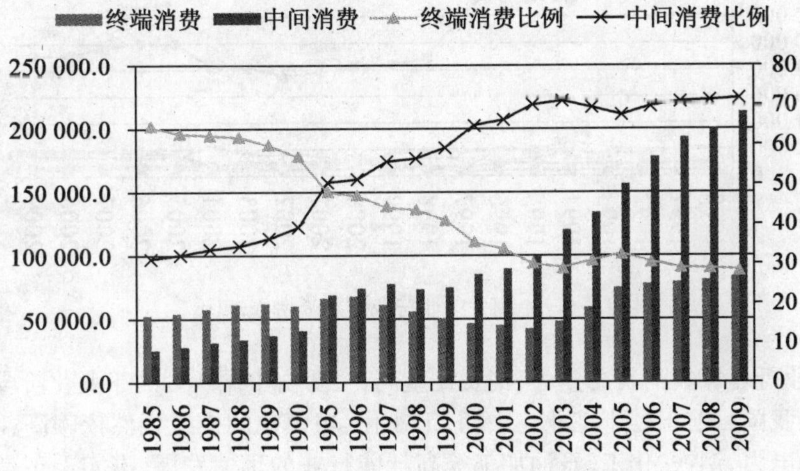

图2.4　中国煤炭消费构成变化①(单位:万吨)

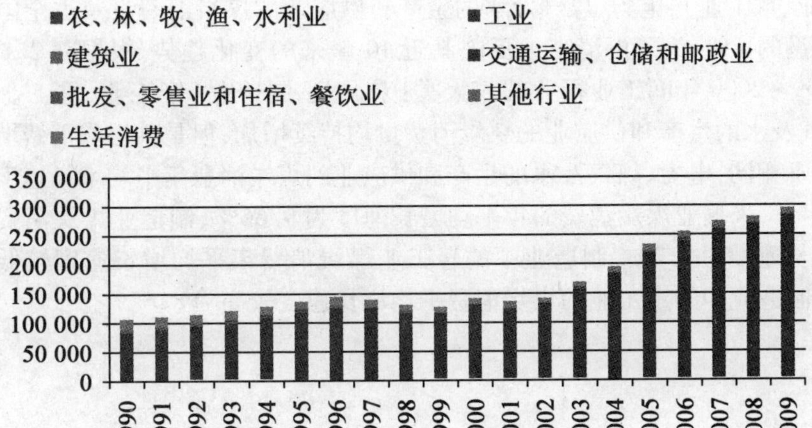

图2.5　中国分行业煤炭消费总量变动图

① 数据来源:各年《中国能源统计年鉴》以及《中国统计年鉴》。

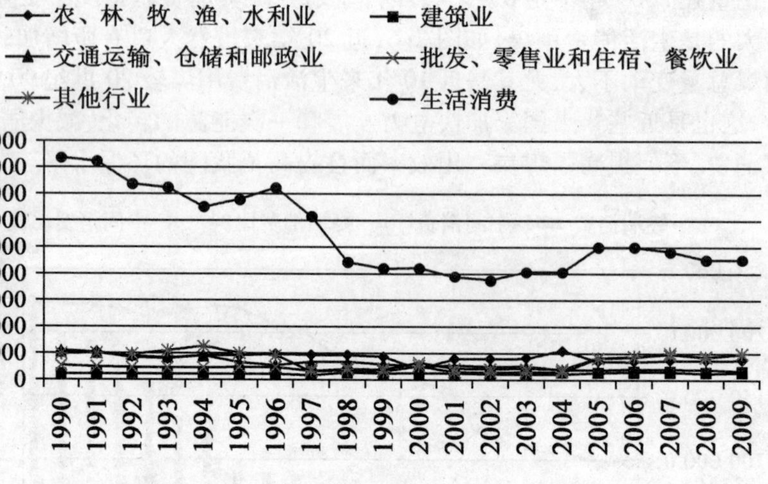

图 2.6　中国非工业行业煤炭消费变动图

工业行业煤炭消费总量大、消费比重高，主要由中国所处的工业化阶段决定的，由于我国目前正处于工业化中期，工业化、城镇化的推进仍然依赖高耗能来支撑，如电力、钢铁、化工、石油加工等高耗能行业的迅速发展，事实上正是由于这些重型工业的增长，才支撑了中国经济几十年来的高速增长，当然也是这些行业消费了绝大部分煤炭。表 2.1 给出了工业行业的三个大类：采掘业，制造业（轻工业、重工业），电力、煤气及水的生产和供应业的煤炭消费量及占全国煤炭消费总量的比重，为了更清晰地反映其近 10 年来的变化趋势，根据表 2.1 做图 2.7，1999 ~ 2009 年间工业行业的三大类：采掘业，制造业（轻工业、重工业），电力、煤气及水的生产和供应业的煤炭消费量均持续增加，但是其煤炭消费增长的速度并不相同，电力、煤气及水的生产和供应业的煤炭消费年平均增长速度最高为10.64%，采掘业煤炭消费的年平均增长速度为 9.66%，制造业煤炭消费的年平均增长速度为 8.2%，制造业中的轻工业煤炭消费年平均增长速度较低仅为 4.7%，制造业中的重工业的煤炭消费平均增长速度较高为 8.67%。

表 2.1 工业行业煤炭消费量及所占比重(单位:万吨)

行业	1999	2000	2001	2002	2003	2004	2005	2006	2007	2008	2009
总量	126 365.35	132 000.00	135 000.05	141 600.53	169 232.05	193 596.00	231 851.07	255 065.45	272 745.88	281 095.92	295 833.08
采掘业	8 641.15	10 858.37	10 463.70	9 461.14	12 724.07	11 371.92	15 833.26	16 884.65	18 971.74	19 501.07	21 728.00
占比	6.84	8.23	7.75	6.68	7.52	5.87	6.83	6.62	6.96	6.94	7.34
制造业	50 926.85	50 577.94	50 876.20	49 686.36	59 840.97	73 097.33	92 018.39	99 084.39	102 002.4	108 176.8	112 005.8
占比	40.30	38.32	37.69	35.09	35.36	37.76	39.69	38.85	37.40	38.48	37.86
轻工业	6 883.41	6 215.09	6 339.84	6 085.42	6 573.36	8 051.94	10 215.96	11 025.10	11 209.94	10 900.22	10 897.32
占比	5.45	4.71	4.70	4.30	3.88	4.16	4.41	4.32	4.11	3.88	3.68
重工业	44 043.44	44 362.85	44 536.36	43 600.94	53 267.61	65 045.38	81 802.43	88 059.28	90 792 42	97 276.57	101 108.5
占比	34.85	33.61	32.99	30.79	31.48	33.60	35.28	34.52	33.29	34.61	34.18
电煤气水生产	53 189.32	57 864.34	61 178.40	70 142.87	83 603.44	95 665.95	107 641.65	122 541.19	135 228.67	137 896.33	146 154.67
占比	42.09	43.84	45.32	49.54	49.40	49.42	46.43	48.04	49.58	49.06	49.40

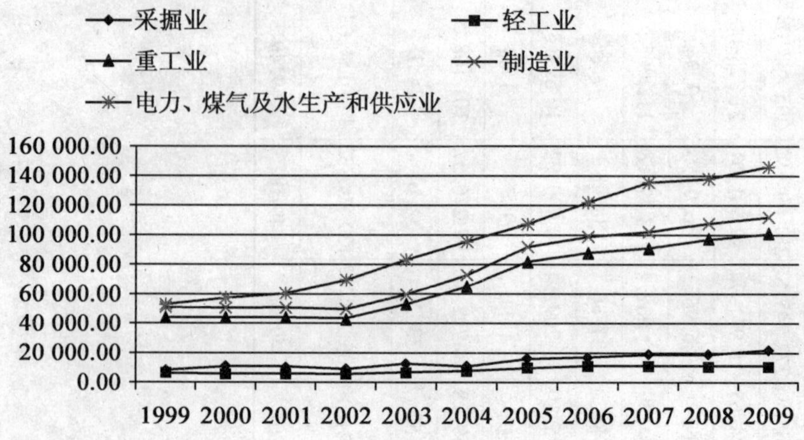

图 2.7　中国工业行业煤炭消费量变动图(根据表 2.1 绘制)

2.1.2.1　电力、煤气及水的生产和供应业的煤炭消费

电力、煤气及水的生产和供应业的煤炭消费所占全国煤炭消费的比重最高,并且其年平均增长速度在三大类工业行业中是最快的。电力是煤炭、石油、天然气、水力、核能以及风能、太阳能等转化而成的二次清洁能源,我国能源资源结构和分布特点决定了长期以来电力发展主要倚重煤电。改革开放以来,电力工业一直是我国煤炭消费的第一大户,而且其快速发展成为拉动国内煤炭消费增长的主要因素。在 1985 ~ 1996 年,电力工业用煤增加了 3.47 亿吨,占同期国内消费增量的65.5%。在 1996 ~ 2005 年,电力工业用煤量由 5.22 亿吨增加到 11.10 亿吨,增加了 5.88 亿吨,占同期国内煤炭消费增量的 77.2%。我国自 1980 年以来的电力消费量由 3 006.3 亿 kW·h 上升到 2009 年的 37 032.14 亿 kW·h,年均增长率为 9.044 8%。在电力生产中,我国主要以火电为主,水电和核电为辅,1980 年火电发电量为 2 424.2 亿 kW·h,2009 年上升到 29 827.8 亿 kW·h,年均增长率为 9.04%,基本与电力消费量增长率相符。

2008 年,水电大规模发展对火电行业造成较大冲击,同时下游重工业发展减缓导致用电需求下降,我国火电量仅实现微弱增长,2008 煤炭需求为 13.25 亿吨,同比仅增长 1.5%。发电量的增长减缓主要来自于需求的减少,随着来自美国、欧洲及其他重要出口市场的订单增长放缓,制造企业用电量逐步减少。到 2009 年随着各国政府相关政策的出台,全球经济在逐渐恢复,电力消费及火电生产也逐渐增加。

图 2.8　中国 1985～2009 年电力消费量与火电生产量(亿 kW·h)

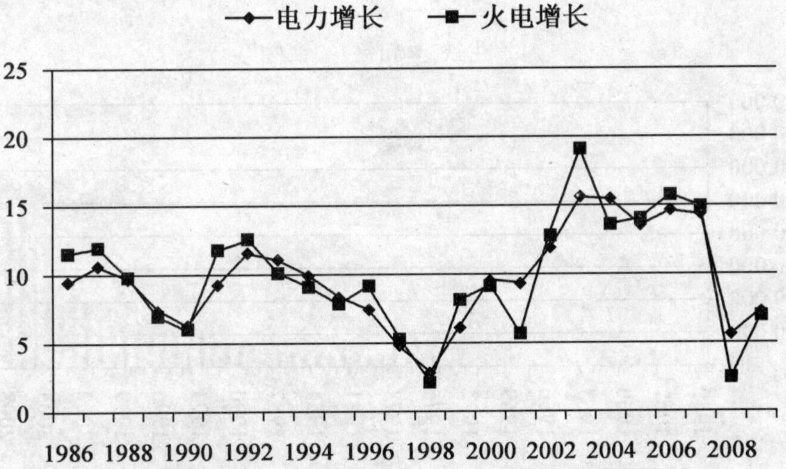

图 2.9　中国 1986～2009 年电力与火电年增长率

2.1.2.2　重工业的煤炭消费

除了电力、煤气及水的生产和供应业以外，制造业中的重工业的煤炭消费量是工业行业中最高的，随着国家经济建设的逐步推进，国家经济建设对重工业产品的需求增加，钢铁、建材、化工产品的行业发展加快，而这些行业也恰恰是我国的主要耗煤行业，行业用煤占国内煤炭消费总量的比例呈快速上升的趋势。

重工业中的黑色金属冶炼及压延加工业是重工业中煤炭消耗较大的行业，“黑色金属冶炼及压延加工业”就是通常所说的钢铁工业。钢铁工业的煤炭消耗主要由炼焦煤和燃料煤构成，炼焦煤用作炼制焦炭，主要用作高炉炉料，某些钢厂用焦炭制气做炼钢、轧钢工艺的动力，烧结环节用焦粉做固体燃料等。而燃料煤主要包括三部分：动力煤，主要为工业锅炉的燃料；喷吹煤，用作高炉炼铁燃料，替代焦炭；烧结用无烟煤。根据中国钢铁工业年鉴和统计快报数据，绘制图2.10，给出中国1949～2009年钢铁产量，从图形可以看出中国钢铁行业发展迅速，钢铁生产量增长速度较快。里面有几个标志性的年份，分别是1996年、2006年、2009年，1996年中国粗钢产量首次成为世界第一名，产量超过1亿吨；2006年中国钢铁出口大于进口，成为钢铁净出口国，粗钢产量达到4.19亿吨；2009年中国粗钢产量达到5.72亿吨，产品钢材6.94亿吨，产品钢材产量首次突破6亿吨。2010年中国钢铁行业再度创了历史新高，粗钢产量首次突破6亿吨，较2009年增长9.26%。同时伴随着钢铁行业的迅速发展，国产钢铁在国内的市场份额也逐年提高，2010年在22大类钢材品种中有18类钢材基本垄断国内市场，市场份额达到95%以上，接近100%①。

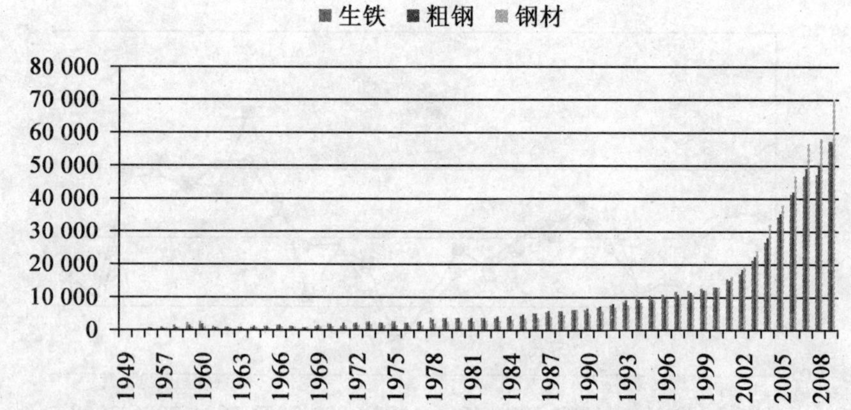

图2.10　中国生铁、粗钢及产品钢材产量走势图(万吨)

由于我国钢铁行业不断发展壮大，对煤炭的需求也随之增加，但是我国钢产品能耗比远远高于其他国家。由表2.2可以看出，1990～2008年，中国钢产品单位能耗虽然不断降低，但是每吨钢材能耗仍然高于日本的能耗水平，2008年钢产品能耗甚至比1990年日本钢产品能耗还高。除了能耗大以外，钢产品生产

① 中国钢铁工业协会2011年第一次行业信息发布会新闻稿。

带来的环境污染也是我国需要考虑的问题。因此,在钢铁工业"十二五"规划的制定过程中,钢铁工业"十二五"规划和企业自身发展方向的焦点主要集中在淘汰落后产能、产品质量提升、技术改造与创新、产业链建设、整体布局和兼并重组等方面。钢铁行业必须加速淘汰落后产能,进一步提高淘汰落后产能的标准,并通过提高用钢标准、环保标准、能耗标准等来加快落后产能淘汰。在产品结构调整方面,"十二五"期间,钢铁工业一方面要积极发展目前国内短缺的高端钢材品种,减少进口,提高自给率;另一方面要用高质量、高性能钢材取代中低档钢材,降低钢材、资源、能源等物资消耗,延长产品使用寿命。

表2.2　钢产品单位能耗中日比较统计①

国家	1990	1995	2000	2005	2006	2007	2008
中国	997	976	784	732	729	718	709
日本	629	656	646	640	627	610	626

重工业中的石油加工炼焦及核燃料加工业、化学原料及化学制品制造业、化学纤维制造业等的煤炭消耗是煤炭消费结构中的一个重要组成部分,1996年化工行业煤炭消耗为8 232万吨,之后煤炭消费开始下降,一直到2003年化工行业煤炭消费也仅为8 000万吨,低于1996年水平,从2004年以后开始逐渐上升,2008年化工行业的煤炭消费达15 067万吨,较1996年增长了近一倍。化工行业用煤主要集中在化肥生产和快速发展的基本化学原料制造业,这两个行业用煤占化学工业煤炭消费总量的70%以上。化肥生产主要是以煤炭为原料生产合成氨,按生产类型分为大、中、小3种生产工艺结构;按生产原料分为煤头、油(渣)头、(天然)气头和焦(炭)头4种原料结构。在大型生产工艺中以煤和焦炭为原料的比重较小,主要是以天然气和油渣为原料,中小型生产工艺中,以煤和焦炭为原料的比重较大。合成氨的煤炭消费量占化学工业煤炭消费总量的60%左右,其消费量取决于合成氨的产量及单位产品的煤炭消费量。近年来,由于高油价的刺激,煤化工行业的新兴行业如煤制油、煤制烯烃和煤制醇醚类等蓬勃发展,同时由于政府提倡使用清洁能源,而新型煤化工活动煤制甲醇、烯烃以及煤炭气化、液化形成的产品,均是国家未来要重点发展的清洁能源,政府也针对新型煤化工行业给予了较大的政策支持,未来煤化工行业煤炭消费将会有所增加。

近年来随着城市化进程的推进,城乡建设所需的建筑材料及制品、非金属矿

① 资料来源:1.中国钢铁工业协会;2.日本能源学会志,由中国统计数据库整理。

物材料和无机非金属新材料等建材产品随之增加，其中主要产品的消费也随之增加，如水泥、墙体材料、石灰、平板玻璃、建筑卫生陶瓷以及各种新型建筑材料和装修装饰材料等百余类，近 2 000 多种产品。建材行业以煤为主要能源的产品有水泥、墙体材料和石灰，该三个产品的煤炭消费量取决于其产品产量及单位产品煤炭消费量；玻璃和建筑陶瓷也是能耗较高的产品，消耗的能源品种主要有油、气、煤炭和电力，该类产品生产所需的燃料结构随着燃油与煤炭比价关系的变化而调整；其他建材产品，包括水泥制品和石棉水泥制品、非金属矿及制品、石材等，其消费的能源品种主要是电力，煤炭消费量极低。根据我国建材产业发展政策、结构调整、淘汰落后生产力的发展趋势，水泥行业将加强推广先进的窑外预分解技术，逐渐淘汰湿法窑、余热发电窑、中空窑和半干法窑，大幅度降低水泥行业的煤炭消费量。

2.1.2.3 轻工业的煤炭消费

根据各年中国统计年鉴和中国能源统计年鉴各行业工业增加值数据，按照分行业工业品出厂价格指数将工业增加值折算为 1999 年不变价，同时按照重工业和轻工业的划分方法，具体参照表 4.2，并利用图 2.7 中重工业和轻工业 1999 ~ 2009 年煤炭消费数据，计算平均每万元工业增加值煤炭消费量，见图 2.11。结合图 2.7 和图 2.11 可以看出，轻工业的煤炭消费无论从总量上还是单位工业增加值能耗上都远远低于重工业，而且其万元工业增加值的煤炭消费近十几年来一直呈下降趋势。由于我国经济以重工业为主导，重工业在国民经济中的贡献较大，但是伴随着重工业对国民经济的贡献与节能环保之间矛盾冲突日益激烈，轻工业由于其能耗低，在国民经济中的地位将逐渐提升。“十一五”期间，我国轻工业生产大国和消费大国的地位进一步提升，轻工业 100 多种产品产量居世界第一，在国际市场占有率也有所提高，其中家电、羽绒制品、自行车等产品的国际市场占有率超过 50%；五年间，轻工业贸易顺差每年都占全国贸易顺差的 76.7% 以上。然而轻工业行业发展也存在不少亟待解决的问题，我国轻工业行业由于缺乏自主创新能力和品牌影响力，总体处于国际产业链中低端，结构问题突出，尤其是食品安全任务极其艰巨①。未来轻工业如果能够很好地解决现在存在的问题，轻工业将成为我国工业的主体，将有利于降低工业整体煤炭消费。

中国轻工业联合会于 2011 年 5 月 13 日发布《轻工业“十二五”规划指导意见》，提出了“十二五”轻工业七大发展目标。这七大发展目标包括：在规模总量上，“十二五”期间，轻工业规模以上企业工业总产值年均增长 12% 左右，到 2015 年达到 23 万亿元左右；在利税总额上，保持年均增长 12% 左右，到 2015 年

① 中央政府门户网站 www.gov.cn。

达到1.8万亿元左右；在出口方面，保持年均增长7.5%左右，到2015年达到4 500亿美元左右；在就业方面，发展新兴行业和劳动密集型行业，保持规模以上企业就业人数占全国就业人数25%～30%的比例；在自主创新方面，新产品产值率达到10%以上，科技进步贡献率达到45%左右，关键技术装备国产化率达到50%以上；在节能减排方面，化学需氧量减少8%，氨氮减少8%，单位增加值用水降低30%；在特色区域建设方面，提升现有特色区域的质量和水平，将特色区域产值提高到占全国轻工业总产值的20%左右①。根据《意见》的发展目标，在"十二五"期间和今后相当长的一段时期，轻工业将迎来重要的发展时期，从国内看，由于信息化、城镇化、国际化深入发展，为轻工业的发展带来了机遇和条件，轻工业通过转型升级、科技创新等等，从主要依靠速度、规模、价格进行竞争的发展方式转为主要依靠质量、标准、技术、服务、创新能力和品牌影响力方面进行竞争，通过大力提升轻工业发展质量和效益，切实保证产品安全特别是食品安全，提升轻工业整体素质和可持续发展能力，满足多层次消费需求，为保障和改善民生做出贡献，为我国迈进轻工业世界强国之列打下坚实基础。轻工业实力的增强不但可以实现我国降低能耗的目标，同时也可以实现我国经济增长的目标。

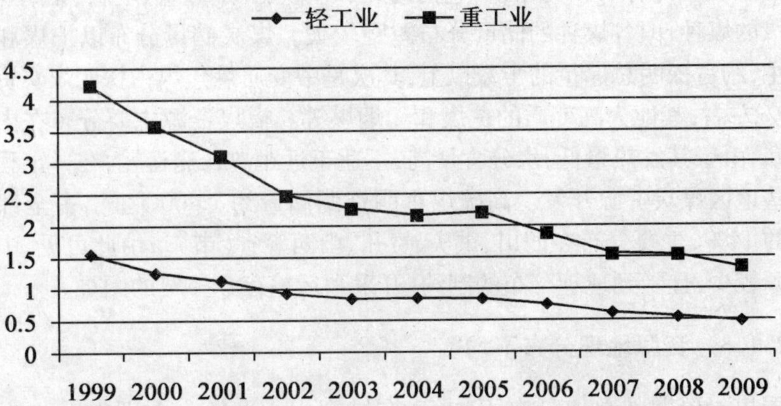

图2.11 中国每万元工业增加值煤炭消费量(吨/万元)

① 《轻工业"十二五"规划指导意见》。

2.2 中国煤炭生产现状分析

2.2.1 中国煤炭资源特点

2.2.1.1 总量丰富但人均剩余储量少

根据《BP 世界能源统计 2011》数据显示，中国煤炭资源储量总量丰富，位居世界第三位。但由于中国国情所致，中国人口众多，根据 2010 年中国统计年鉴，截至 2009 年底，中国人口总数为 133 474 万人，因此人均剩余可采储量仅为 85.78 吨。人均剩余探明可采储量少，对中国来说面临的能源供给压力依然很大。

2.2.1.2 优质煤种资源较少

我国煤炭资源种类较为丰富，包括褐煤、气煤、肥煤、焦煤、瘦煤、无烟煤等不同煤化阶段的煤种，但各煤种的储量分布差距较大。煤炭储量分布以褐煤和低变质烟煤为主，约占探明总储量的半数以上，其次是中变质炼焦煤占探明煤炭资源总储量的 28% 左右，其他为高变质的贫煤和无烟煤等。褐煤资源主要分布在内蒙古东部和云南，由于其发热量低，水分含量高，不适于远距离长途运输，在一定程度上制约了这些地区煤炭资源开发。高硫煤查明资源储量约 1 400 亿吨，占全部查明资源储量的 14%，主要分布在四川、重庆、贵州、山西等省(市)。由此可见，中国优质煤种资源较少，且受到地理分布的制约，开采和运输存在一定的困难。

2.2.1.3 资源地理分布不均衡

我国煤炭资源的总体分布不均衡，在昆仑山—秦岭—大别山以北地区称之为北方地区，其煤炭储量约占中国可探明总储量的 90% 以上，其他地区煤炭储量占探明储量的比重不足 10%。如图 2.12，截至 2007 年底，仅内蒙古、山西、陕西、宁夏、新疆五省(区)煤炭可探明储量约占全国可探明储量的 80%。煤炭资源的南北分布悬殊差异，造成我国虽煤炭资源丰富，但却消费紧张的问题。这主要由于我国经济发达地区主要分布在南方地区，华东、中南是主要的煤炭消费地区，其资源极端贫乏，这也增加了我国煤炭运输成本，为了满足南方地区、东部地区对煤炭资源的大量需求，只能采取北煤南运、西煤东调的办法，来缓解南方地区和东部地区煤炭供应紧张的问题。

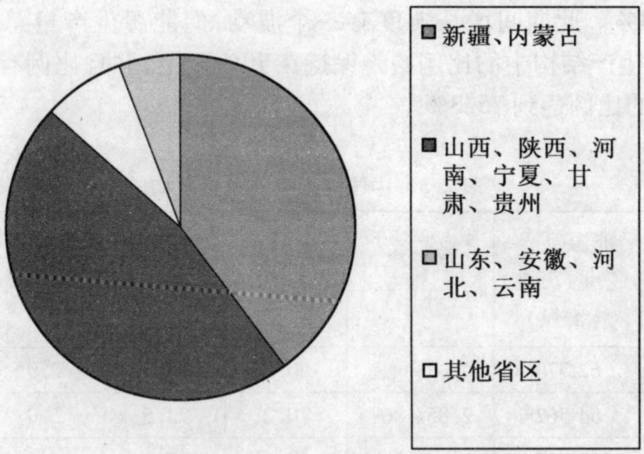

图 2.12　中国煤炭可探明储量分布①

2.2.1.4　煤炭富集地区自然环境恶劣

在煤炭资源富集的昆仑山—秦岭—大别山以北的北方地区，自然环境极为恶劣，表现为水资源缺乏，气候干燥少雨，土地荒漠化严重，自然灾害频发，生态环境十分脆弱。由此可以看出，煤炭富集地区虽然资源丰富，但是由于恶劣的自然环境，将对煤炭开采造成一定的难度，并且如果煤炭开采过程中，若开采不当将进一步加剧该地区的生产环境的恶化，对于未来该地区的发展产生不利影响。

2.2.1.5　资源开采条件中等偏下

中国煤田地质条件总体上是南方复杂、北方简单，东部复杂、西部简单，与世界主要产煤国家相比为中等偏下。中国煤炭资源埋藏较深，目前平均开采深度在 400 米左右，露天煤矿产量比重仅 8% 左右②。地质构造简单的煤田主要分布在山西、陕西、内蒙古、宁夏、新疆五省(区)，其他地区的煤田构造大多复杂。

2.2.2　能源生产现状分析

我国在 1978 ~ 2009 年期间能源生产总量及结构的变动呈现以下特点：

第一阶段，1978 ~ 1981 年间，1980，1981 年能源生产增长率均为负值，能源生产总量较上一年下降。

第二阶段，1982 ~ 1996 年间，我国能源生产总量一直保持增长态势，年均增

① 数据来源《2007 全国矿产资源储量通报》。

② 数据来自 2009 年《中国煤炭行业年度报告》。

长率为5.04%。此期间增长速度有一个波动,但能源生产量总的趋势是增加的。原煤在生产结构中的比例始终保持在70%以上,并且比例有逐年增加的趋势,1995年的比例达到75.3%。

表2.3　中国能源生产总量及构成

年份	能源生产总量(万吨标准煤)	增长率(环比)	占能源生产总量的比重/%			
			原煤	原油	天然气	水电、核电、风电
1978	62 770	—	70.3	23.7	2.9	3.1
1979	64 562	2.854 867	70.2	23.5	3.0	3.3
1980	63 735	−1.280 94	69.4	23.8	3.0	3.8
1981	63 227	−0.797 05	70.2	22.9	2.7	4.2
1982	66 778	5.616 272	71.3	21.9	2.4	4.5
1983	71 270	6.726 766	71.6	21.3	2.3	4.9
1984	77 855	9.239 512	72.4	21.0	2.1	4.4
1985	85 546	9.878 621	72.8	20.9	2.0	4.3
1990	103 922	21.480 84	74.2	19.0	2.0	4.8
1991	104 844	0.887 204	74.1	19.2	2.0	4.7
1992	107 256	2.300 561	74.3	18.9	2.0	4.8
1993	111 059	3.545 722	74.0	18.7	2.0	5.3
1994	118 729	6.906 239	74.6	17.6	1.9	5.9
1995	129 034	8.679 43	75.3	16.6	1.9	6.2
1996	133 032	3.098 408	75.0	16.9	2.0	6.1
1997	133 460	0.321 727	74.3	17.2	2.1	6.5
1998	129 834	−2.716 92	73.3	17.7	2.2	6.8
1999	131 935	1.618 22	73.9	17.3	2.5	6.3
2000	135 048	2.359 495	73.2	17.2	2.7	6.9
2001	143 875	6.536 195	73.0	16.3	2.8	7.9
2002	150 656	4.713 119	73.5	15.8	2.9	7.8
2003	171 906	14.104 98	76.2	14.1	2.7	7.0
2004	196 648	14.392 75	77.1	12.8	2.8	7.3
2005	216 219	9.952 301	77.6	12.0	3.0	7.4

续表2.3

年份	能源生产总量(万吨标准煤)	增长率(环比)	占能源生产总量的比重/%			
			原煤	原油	天然气	水电、核电、风电
2006	232 167	7.375 855	77.8	11.3	3.4	7.5
2007	247 279	6.509 108	77.7	10.8	3.7	7.8
2008	260 552	5.367 621	76.8	10.5	4.1	8.6
2009	274 618	5.398 538	77.3	9.9	4.1	8.7

第三阶段,1997~2000年出现了能源生产总量总的趋势是较前一阶段回落,年均增长率为0.4%。其中1998年能源生产增长率为负值,较上年下降幅度为2.716 92%,1999年虽较1998年有所回升,但其能源生产总量已降至1996年产量以下。并且在此阶段,煤炭产量在能源生产结构的比例也表现出降低趋势,从1996年的75.0%降到2000年的73.2%。

第四阶段,2001~2009年,从2001年开始我国煤炭行业开始复苏,能源生产总量呈现出较快的增长势头,能源生产增长率较高,平均能源生产增长率为8.55%。从总量看,9年间能源生产总量从2001年的143 875万吨增加到2009年的274 618万吨,增长了130 743万吨,增长率为90.87%。煤炭占能源生产总量的比例总体呈上升趋势,从2001年的73.0%增加到2009年的77.3%,煤炭生产总量从2001年的116 078.0万吨增加到2009年的297 300.0万吨,增长率为156.12%,高于2001~2009年能源生产总量的增长率。这说明我国经济的高速发展,带动了煤炭开采技术的发展,提高了煤炭的产量,同时煤炭也在国民经济的发展中起到了不可替代的作用。

2.2.3 煤炭生产现状分析

从煤炭生产总量变动趋势可以看出,从1997年开始,煤炭生产总量出现负增长,而且这个现象持续三年时间,直到1999年煤炭生产负增长率达到了最大,负增长高达-16.4%,严重影响了煤炭工业的发展。探讨出现此现象的原因,除了亚洲金融风暴导致经济衰退引起的煤炭需求下降的因素以外,煤炭产能严重供大于求而导致产量下降是一个重要原因,在这期间煤炭价格下跌,严重地影响了煤炭工业的发展。从1996年第二季度出现供大于求的状况以来,煤炭市场处在疲软的状态。为适应煤炭市场状况,煤炭企业调整了生产经营策略,1998年各煤炭企业实行了限产、停产、压库措施,国家在政策及执法层面也加强了力度,关闭非法生产的小煤矿。经过一轮调整,除了部分不合法中小煤矿的生产经营被终止以外，国有重点煤矿的闲置生产能力已达 9 000 万吨，60% 的矿井不能正常工作，市场疲软颓态仍在继续。1998 年煤炭产量 12.5 亿吨，较比 1997 年 13.7亿吨下降 1.2 亿吨，此轮降幅中因为地方中小煤矿受到政府打击非法生产的影响，产量降幅大于统配煤矿。1999 年国家继续实行限产压库措施，但面对严重过剩的生产能力和相对不足的有效需求，1999 年煤炭生产总量仅为 10.45 亿吨，较上年下降 2.05 亿吨，煤炭生产负增长率达到最高。从 2000 年开始煤炭产量开始震荡，2000 年产量达到 12.99 亿吨，超过 1998 年水平，市场疲软状态终于扭转，但 2001 年又较上年下降了约 1.3 亿吨。从产量的波动可以看出，国家和企业的调控发挥了作用，煤炭市场的疲软状态将会逐步得到解决。从 2002 年开始，煤炭产量开始由负增长变为正向增长。2002 ~ 2003 年两年煤炭生产增幅较大，从 2004 年开始，虽然煤炭生产总量是增加的，但是煤炭生产增幅缓慢，而 2008 年由于雨雪冰冻灾害、汶川地震和美国金融危机三方面的共同作用导致煤炭需求下降，导致 2008 年的煤炭生产增幅是 2002 以后的最小增幅。为应对 2008 年煤炭供应紧张，国家采取了一系列积极有效措施，努力增加电煤的生产和供应：一是实施了加快停产整顿煤矿复产验收工作，加快矿井验收和补办手续，增加铁路煤炭调运量等缓解电煤紧张的应急措施；二是为鼓励大型煤矿企业多生产电煤，提高电煤合同兑现率，实施了电煤增产增供奖励措施；三是释放山西、内蒙古和陕西建成煤矿生产能力；四是加快煤矿建设项目竣工验收工作，先后对内蒙古、安徽、河南等省（区）7 个具备验收条件的大型煤矿建设项目组织竣工验收。在国家的政策支持和市场需求双重拉动下，2009 年煤炭产量增速回升，如图 2.13，较 2008 年增长 6.1%，但随着行业整顿工作的稳步推进，未来煤炭产量增速将趋于稳定。

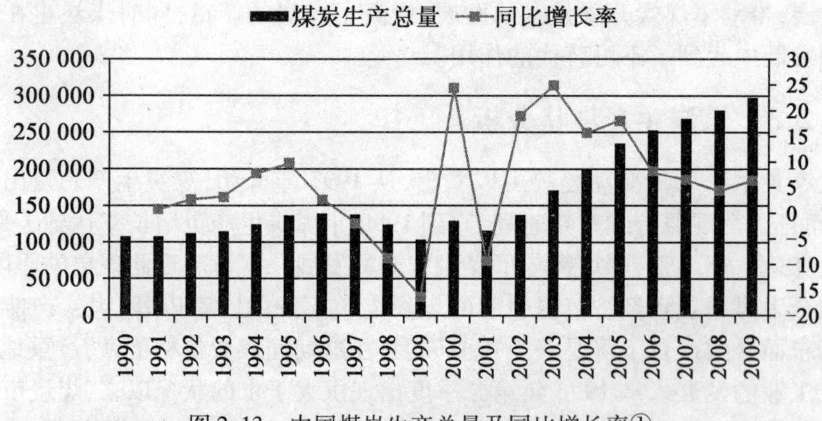

图 2.13　中国煤炭生产总量及同比增长率①

---

①　数据来自表 2.3。

2.3　中国煤炭进出口分析

2.3.1　煤炭进口情况分析

如图 2.14，在 1995 ~ 2001 年间，我国煤炭进口量较少，煤炭消费主要依赖国内开采，结合前面分析煤炭生产总量变动原因，可以看出在此期间煤炭进口量较少主要原因在于国内产能无法消化，通过限产、停产、压库等措施限制煤炭生产，因此，在此段时间从国外进口量极少。同煤炭生产一样，2002 年是煤炭进口量增长的临界点，仅 2002 年一年煤炭进口量较上年增长 3 倍多，自 2002 年开始，2003 年煤炭进口量较 2002 年虽然有所减少，但仍然超过 1995 ~ 2001 年各年水平。从 2004 年开始，煤炭进口量较上年逐年增加，2004 ~ 2007 年，除 2004 年进口量增幅大于上年增幅以外，其他各年我国煤炭进口数量虽然增加，但增长速度不断减缓。2008 年，我国煤炭进口绝对值出现下降，全年进口煤炭 4 034.1 万吨，比上年减少 1 067 万吨，同比下降 20.9%。2009 年我国经济状况逐渐好转，煤炭进口量回升，全年进口 12 584 万吨，也是我国煤炭进口量首次超过亿吨，2009 年我国首次从传统的煤炭净出口国转变为净进口国。分析 2009 年我国煤炭进口大幅增长主要有以下原因：首先，国际金融危机使主要煤炭消费国美国、日本以及欧洲等国经济衰退，国际煤炭市场需求下降，进而导致国际煤炭价格下滑，当从国际购买煤炭的成本低于国内购买时，国内厂家开始选择增加国际购买量；其次，金融危机后我国经济率先复苏，国内煤炭价格上涨导致国内购买煤炭成本增加，进而增加国际煤炭购买量；再次，国内大批煤炭企业由于不符合相应的国家标准被关停，迫使煤炭进口量增加。以上三个原因是导致我国煤炭进口量大量增加的主要原因，从煤炭进口近年来的增长趋势可以看出，我国已深度参与到国际煤炭市场中，通过国际煤炭市场来调节国内煤炭的供求平衡。

我国煤炭进口价格的变化与煤炭进口总量的变化有一定的相关性，结合图 2.14 和图 2.15 可以看出，一般的，当影响进口量的其他因素不变时，煤炭进口价格降低，煤炭进口量会相应提高，但是当影响煤炭进口的其他因素变动时，煤炭进口价格与煤炭进口量之间的关系就变得复杂得多。总体来说，2000 ~ 2008 年间，我国煤炭进口价格变动幅度较大出现在 2008 年，其他各年煤炭价格幅度变化不大。煤炭进口价格与进口量的变动关系上，如图 2.14，2.15，2002 年煤炭进口量增幅较大，此时煤炭进口价格也较 2000，2001 年降低，随之 2003 年煤炭进口价格较2002年提高,煤炭进口量随之减少。而2004~2007年煤炭进口价格也发生变动,但此时由于国内各行业对煤炭的需求增加,导致煤炭进口量依然是增加的。直到2008年国际金融危机爆发,煤炭价格上涨以及各行业受到冲击,煤炭进口量在连续五年增长之后,出现进口量降低的状况。

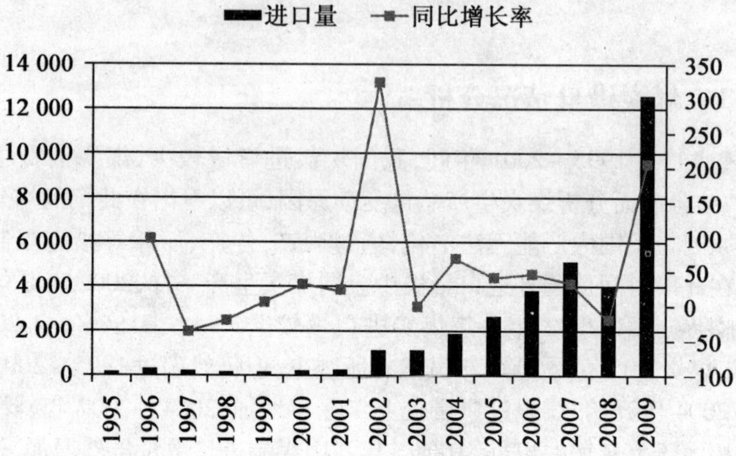

图2.14　中国煤炭进口总量及同比增长率

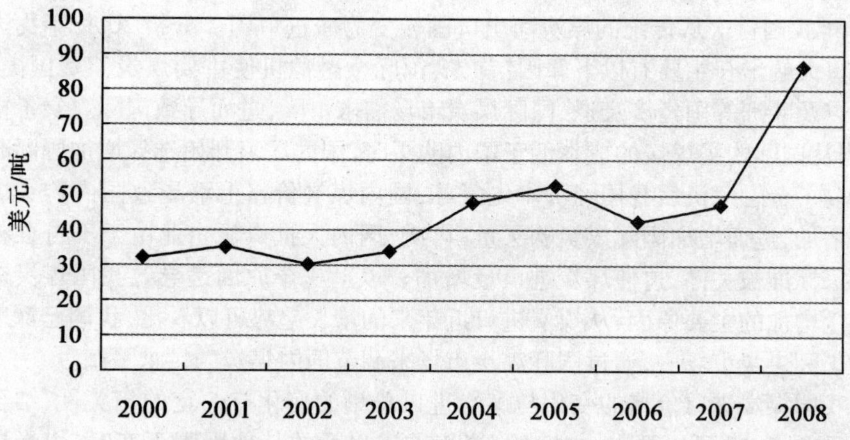

图2.15　中国煤炭进口价格变动情况①

从2002年开始我国煤炭进口量骤增,我国煤炭进口国在2002~2004年主

① 数据来源:根据中经网、海关总署数据整理。

要以越南、印度尼西亚、澳大利亚、朝鲜和俄罗斯为主,从2005年开始进口格局发生变化,煤炭进口主要来自于越南、印度尼西亚、澳大利亚、朝鲜、蒙古五个国家,俄罗斯进口量减少。

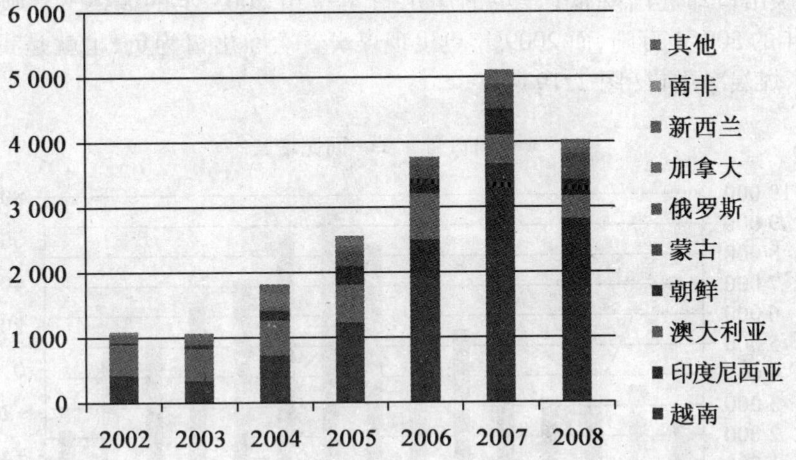

图2.16　中国2002~2008年从主要煤炭进口国进口煤炭数量①

2.3.2　煤炭出口情况分析

1995~2009年间,我国煤炭出口量呈先增后减趋势,2003年我国煤炭出口量达到高峰,之后逐年递减。分析煤炭出口变化的主要原因有:首先,国家实行降低煤炭出口配额的政策,煤炭出口配额从2003年的1亿吨一直降到2009年0.51亿吨,2003~2009年间降幅达到49%,而2010年配额下降幅度更大,2010年全年煤炭出口配额仅为2 550万吨,较2009年下降50%,较2003年下降74.5%②,出口配额的强制约束降低了煤炭出口;其次,国家取消了煤炭的出口退税政策,企业的煤炭出口成本增加,降低了煤炭出口;再次,国内经济复苏对煤炭需求增加,煤炭企业在国内可以找到市场,无需通过国际市场解决煤炭销售问题。根据近年来煤炭出口趋势来看,未来我国煤炭出口将继续保持下降态势。

由图2.18可以看出,我国煤炭出口主要集中在亚洲周边国家和地区,其中煤炭出口量较大的国家有韩国、日本和中国台湾,在2005~2008年四年间,此三个国家的煤炭出口总量占据中国煤炭出口总量的85%以上,而2007,2008两年间,更是占到了出口总量的90%以上。

①　数据来源:根据中经网、中国煤炭工业协会数据整理。

②　数据来自华夏时报2011.7.4。

长期以来,煤炭是中国最为主要的矿产品出口品种,自 1949 年开始煤炭出口以来,我国煤炭出口已从最初的 150 万吨的规模,发展到当今 2003 年的 9 402 万吨的规模。而 2003 年以后,我国煤炭进出口格局发生逆转,煤炭进口开始增加,煤炭出口却逐渐降低,煤炭的净出口量也由 2003 年的 8 293 万吨下降到 2008 年的 509.3 万吨,而 2009 年更出现煤炭首次净出口为负,也就是我国首次实现了煤炭净进口(图 2.19)。

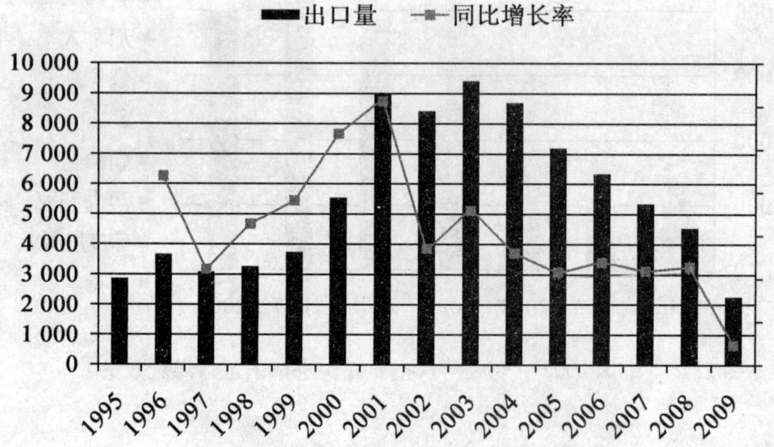

图 2.17　中国煤炭出口总量及同比增长率

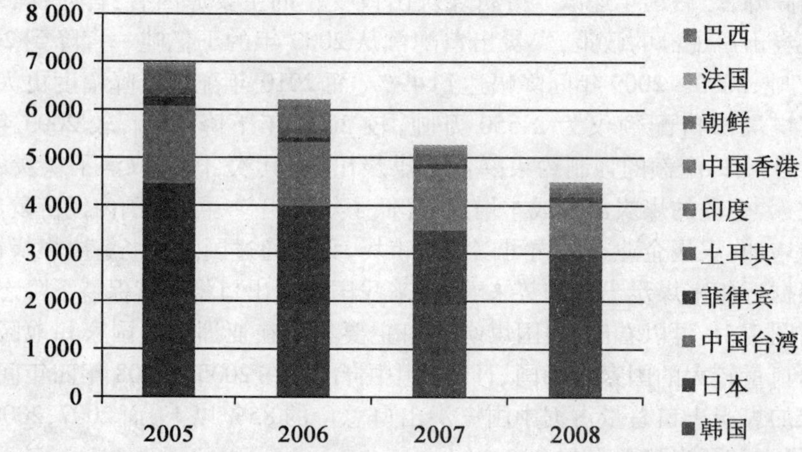

图 2.18　中国主要煤炭出口国家及出口量①

① 数据来源:根据中国煤炭工业协会、中经网数据整理。

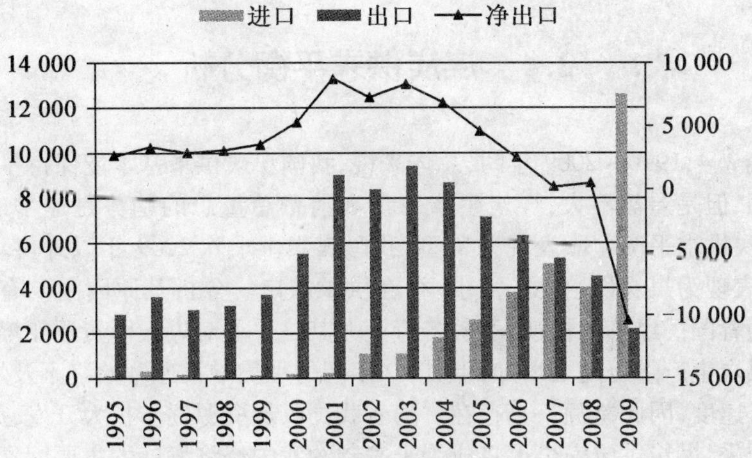

图 2.19　中国 1995 ~ 2009 年各年煤炭进出口数量比较

我国“富煤、贫油、少气”的特殊资源禀赋条件，决定了煤炭在中国能源消费结构的主体地位一段时间内难以改变，而近年来我国煤炭进口、出口格局的变化也将带来一定的问题。关于煤炭进口增加可能带来的问题主要有：首先，煤炭进口增长将增加煤炭供给风险，2008 年以前我国不但能满足国内市场的煤炭需求，而且能够为其他国家提供煤炭供给，但是从 2009 年开始我国成为煤炭净进口国，对国际市场煤炭资源的依赖将加大我国煤炭供给风险；其次，从我国煤炭进口的国家来看，进口国比较集中也是一大问题，如东南沿海电厂从印尼进口动力煤，而广西壮族自治区从越南进口无烟煤，等等，而伴随着东南亚国家经济的快速发展，其对煤炭的需求量将随之增加，必然会减少其本国的煤炭出口，势必会威胁我国煤炭的稳定进口；再次，就是其他国家煤炭需求将影响我国煤炭进口，如印度等新兴经济体经济持续快速增长，将对东南亚煤炭市场起到一定的影响作用，其煤炭需求将会分流我国煤炭进口源，威胁我国煤炭的有效供给；最后，就是煤炭进口增加，将使国际煤炭市场对国内煤炭市场的影响加大，煤炭价格更难调控。

伴随着我国煤炭出口的逐年减少可能带来的问题主要有：随着中国逐年降低煤炭出口量，将会使从中国进口煤炭的主要国家如日本、韩国、中国台湾等寻找其他卖主，中国煤炭在国际市场的市场份额将下降，这也降低了中国煤炭在国际煤炭市场中的影响，对国际煤炭市场的控制能力也大大降低。

2.4 煤炭供求平衡分析

如表 2.4，1990～2009 年间，总体来说，我国煤炭供求基本能保持平衡，存在供求差额，但是差额不大，煤炭生产总量和消费总量总的趋势是递增的。如图 2.20，煤炭供求平衡差额表现为 V 型，我国煤炭供求除 2009 年以外供求差额一直为负，表现为煤炭供给小于需求，存在供求缺口。分析其原因主要有两方面，首先是随着国民经济的快速发展，各行业尤其是工业对煤炭消费逐年增加，虽然伴随着煤炭生产量也随之增加，但其 19 年间的平均增长速度始终不及煤炭消费平均增长速度，因此差额一直存在。随着我国煤炭资源逐步扩大开发，原有资源逐步被开采，煤炭供应安全也将成为未来制约我国经济发展的主要因素。其次，一直以来我国煤炭需求主要依靠国内煤炭供给，进口量远远小于出口量，这是造成我国煤炭过度开采和煤炭供求差额的重要原因，因此为缩小煤炭供求差额可以适当增加煤炭进口。针对我国煤炭进出口存在的问题，建议适度增加煤炭进口国，避免过于集中造成的煤炭进口依赖，同时也应加强对进口煤炭的质量的审核工作，保障用煤安全和煤炭效率；煤炭出口量在政策允许范围内应适当减少，煤炭资源应以供应国内市场为主，这是保证可持续发展以及未来更长一段时间煤炭供应的重要措施。

为保证煤炭的稳定供应，应增强煤炭资源开发规划力度，提高煤炭回采率和煤炭使用效率，同时鼓励有实力的大型煤炭企业走出国门开发国际煤炭资源，增加国外资源储备，保障国内能源供应安全。煤炭是不可再生资源，即便不考虑煤炭消费所带来的环境污染，仅仅从能源供应安全角度来思考，也应增加其他能源品种的供给，尤其是提高新能源和可再生能源的消费比重，这也是国家在“十二五”规划中制定的重要目标之一。

表 2.4　1990 ~ 2009 年煤炭平衡表①

年份	煤炭消费总量/万吨	煤炭生产总量/万吨	煤炭供给量/万吨	平衡差额/万吨
1990	105 523.0	107 988.3	10 221.0	-3 302
1991	110 432.0	108 740.6	105 820.8	-4 611.2
1992	114 084.8	111 638.0	109 498.7	-4 586.1
1993	120 919.5	115 067.0	115 360.5	-5 559.0
1994	128 532.2	123 990.1	123192.8	-5 339.4
1995	137 676.5	136 073.1	133 461.7	-4 214.8
1996	144 734.4	139 669.9	137 211.9	-7 522.5
1997	139 248	137 282	133 159	-6 089
1998	129 492.2	125 000	122 810.6	-6 681.6
1999	126 365.2	104 500	103 576.1	-22 789.2
2000	132 000	129 921	128 297.1	-3 702.9
2001	135 000	116 078	108 480	-4 446
2002	141 600.5	138 000	129 604.8	-4 539.8
2003	169 232	172 200	163 402	-5 830
2004	193 596	199 232.4	192 265.5	-1 330.5
2005	231 851.1	234 951.8	226 941	-4 910
2006	255 065.5	252 855.1	251 336.3	-3 729.208
2007	272 745.9	269 164.3	265 543.5	-7 202.4
2008	281 095.9	280 200	275 061.1	-6 034.9
2009	295 833.1	297 300.0	301 283.8	5 450.747

① 图中数据 1995 ~ 1999 年数据来自《2000 ~ 2002 年中国能源统计年鉴》，2005 ~ 2009 年来自《2010 年中国能源统计年鉴》，其他年度数据来自《中国新中国 60 年统计资料汇编》以及各年《中国统计年鉴》。

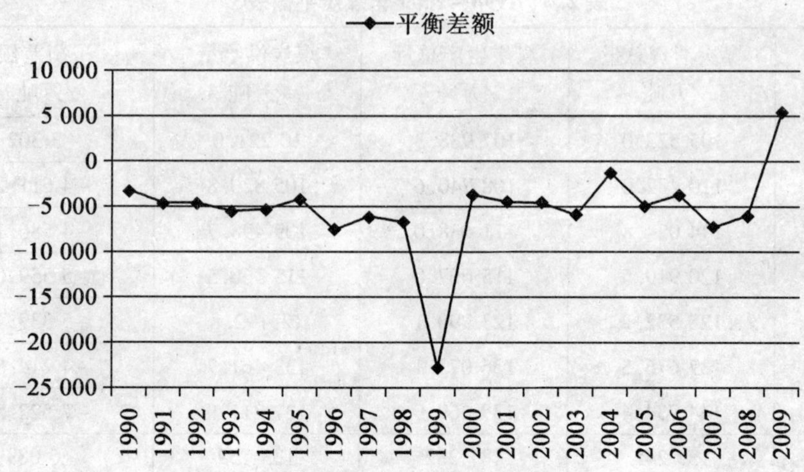

图 2.20　煤炭供求平衡差额图

2.5　本章小结

中国是世界上煤炭占能源比重最高的国家,煤炭作为中国主要能源,其既是经济增长动力因素同时也是一种制约因素。正确认识和处理煤炭需求与煤炭供给之间的关系,对于保障国民经济的持续发展、煤炭资源的高效使用具有重要意义。从 1953～2009 年,除个别年份煤炭消费量下滑外,我国煤炭消费总体保持上升趋势,1980～2009 年中国煤炭消费年均增长率低于中国整体能源消费年均增长率,煤炭消费量主要集中在工业。煤炭生产总量在 1990～2009 年期间有一定的波动,但随着行业整顿工作的稳步推进,未来煤炭产量增速将趋于稳定。我国煤炭进口量较少,总体呈上升趋势,煤炭出口呈现先增后减趋势。中国煤炭供求总体基本平衡,虽然存在一定供求差额但缺口不大。为了保证能源供应安全除了要增加煤炭进口、减少煤炭出口以外,还应增加非化石能源的消费比重,提高煤炭开采率和综合利用效率,等等。

第3章　中国煤炭消费主要影响因素分析

针对影响煤炭消费的五大因素：经济增长、产业结构、煤炭价格、技术创新、环境因素的现状及特点，讨论了煤炭消费影响因素与煤炭消费的关系，应用单整、协整以及脉冲响应函数的方法，建立了协整模型与脉冲响应函数，对中国煤炭消费总量与经济增长、产业结构、煤炭价格、技术创新的关系进行了实证分析，从各影响因素与煤炭消费的长期均衡关系和动态变动关系两方面进行分析。

3.1　中国煤炭消费与经济增长的协整与因果关系分析

3.1.1　研究方法及理论介绍

3.1.1.1　协整理论

协整理论是根据所分析的经济变量的数据所显示的关系，确定建立模型的变量之间的相互关系。它是由格兰杰（Granger，美国加州大学圣地亚哥分校计量经济学家）和恩格尔（Engle）于20世纪80年代初提出来的，该理论的提出是计量经济学理论的重大发现，从提出至今被国内外学者广泛使用，并在使用过程中逐步完善和发展。

协整理论所分析变量的观测值大体上可分为时间顺序数据、截面数据和其他形式的数据，应用领域较为广泛的是关于时间序列的分析，平稳时间序列是时间序列中一类重要而且特殊的随机时间序列。因此，在对时间序列进行实际分析时，首先要判断时间序列的平稳性，也就是通常所说的进行时间序列的平稳性检验。那么什么是时间序列的平稳性，它主要是指时间序列的统计特征与时间变化无关，也就是说不随时间变化而变化。若一个时间序列是平稳时间序列，则该序列的均值和方差在任何时间都保持不变，并且任意两个时期 t 和 $t+k$ 之间的协方差(或自协方差)仅与两个时期的时间距离 k 有关,而与其所处的时期 t 无关。

若一个时间序列是平稳的,则可以称之为零阶单整,记作 $I(0)$,表示该时间序列是平稳序列。如果一个时间序列不是零阶单整的,但是该序列经过 1 阶差分后变为平稳序列,则原序列称之为 1 阶单整序列(integrated of 1),记为 $I(1)$。如果一个时间序列其原序列和 1 阶差分序列都不是平稳序列,但是其 2 阶差分序列($\Delta^2 y_t = \Delta y_t - \Delta y_{t-1}$)为平稳序列,则原序列称之为 2 阶单整序列,记为 $I(2)$。依此类推,若一个非平稳序列 y_t 经过 d 次差分($\Delta^d y_t = \Delta(\Delta^{d-1} y_{t-1})$)后变为平稳序列,则原序列称之为 d 阶单整序列,记为 $I(d)$。若一个时间序列无论经过多少次差分,形成的新序列都不是平稳序列,则原序列就称之为非单整序列。

如果序列 $x_{1t}, x_{2t}, \cdots, x_{kt}$ 都是 d 阶单整的,存在向量 $\boldsymbol{\alpha} = (\alpha_1, \alpha_2, \cdots, \alpha_k)$,使得 $z_t = \boldsymbol{\alpha} X'_t \sim I(d-b)$,其中 $d \geqslant b > 0$,$X_t = (x_{1t}, x_{2t}, \cdots x_{kt})'$,则称序列 $x_{1t}, x_{2t}, \cdots, x_{kt}$ 是(d,b)阶协整,记为 $X_t \sim CI(d,b)$,$\boldsymbol{\alpha}$ 称为协整向量。

如果两个时间序列均为单整序列,当其单整阶数相同时,则此两个时间序列可能存在协整关系,否则,两个时间序列不可能协整。当时间序列为三个以上时,若多个时间序列单整阶数不同,则可能通过线性组合成低阶单整变量。

如:

$$x_t \sim I(1), y_t \sim I(2), z_t \sim I(2)$$

且
$$p_t = a_1 y_t + a_2 z_t \sim I(1), q_t = b_1 x_t + b_2 p_t \sim I(0)$$

则
$$y_t, z_t \sim CI(2,1), x_t, p_t \sim CI(1,1)$$

在协整关系中,(d,d)阶协整是非常重要的协整关系,它表示两个时间序列各自是单整的,并且由于单整阶数相同,两个时间序列所代表的变量还存在协整关系。

两时间序列之间的协整关系是两序列长期均衡关系的一种表示方式。例如,如果两变量 y_t 和 x_t 是协整的,则其均衡误差 u_t 是平稳的且具有零均值,即可确信方程 $y_t = b_0 + b_1 x_t + u_t$ 不会产生伪回归的结果。因此,为避免伪回归的出现,在进行变量回归之前要先对涉及变量进行协整检验,以确保回归结果的准确与可信。

时间序列的协整分析主要应用于所分析序列间的短期波动易受随机扰动的影响,而序列间长期又表现为均衡关系的场合。

协整的检验分为两变量检验和多变量检验。

1. 两变量的 Engle – Granger 检验

Engle 和 Granger 于 1987 年提出了检验两变量的时间序列 x_t, y_t 是否存在协整关系的两步检验法,该方法以两人名字命名为恩格尔 – 格兰杰法,下文均简称为 EG 检验。

EG 检验主要分为两大步骤：首先，要判断待检验的两变量的序列是否为平稳序列，若两序列未经过差分即为平稳序列，则无需检验，不会出现伪回归的情况，可以直接对两变量采用标准回归判断二者的长期均衡关系。其次，若两变量都是非平稳序列，则应分别求出二者的单整阶数。如果单整阶数相同，则二者可能存在协整关系，要对二者进行协整检验，判断其回归残差的平稳性，若残差平稳则二者具有协整关系，否则二者不具有协整关系。若单整阶数不同，根据前面阐述关于协整的定义，则二变量不存在协整关系，无需进行后续协整检验。下面是对两个同阶单整序列的协整检验，具体步骤如下：

第一步，因为两个时间序列 x_t 和 y_t 均为非平稳序列，并且经过差分后验证二者是同阶单整的，则可以利用普通最小二乘估计法（OLS）估计两变量的回归方程 $y_t = b_0 + b_1 x_t + u_t$ 的参数估计，根据估计得到回归方程 $\hat{y}_t = \hat{b}_0 + \hat{b}_1 x_t$。

计算方程的残差 $e_t = y_t - \hat{y}_t = y_t - \hat{b}_0 - \hat{b}_1 x_t$，该残差即为原回归方程中均衡误差 u_t 的估计值。

第二步，检验回归方程的残差项 e_t 的平稳性。如果残差项 e_t 是非平稳序列，则变量 x_t 和 y_t 不是协整的，二者不存在长期均衡关系。若残差项 e_t 是平稳的，则两变量 x_t 和 y_t 是协整的，二者存在长期均衡的关系。也就是说对残差序列 e_t 的平稳性检验，也就是对 x_t 和 y_t 是协整关系的检验。

2. 多变量协整关系的检验

多变量的协整关系检验要比两变量检验复杂一些，但检验过程与原理同两变量协整检验基本相同。首先，也要看各检验变量的单整阶数是否相同，若相同就继续检验，若不相同则停止检验，说明各变量不具备检验协整关系的条件。其次，检验变量线性组合后的残差序列的稳定性。该步骤主要是判断多个变量间是否具有稳定的线性关系，即是否存在伪回归的情况。在进行此步骤时，首先要确定各变量哪个是被解释变量（因变量），哪个是解释变量（自变量），一般的需要确定一个被解释变量，多个解释变量，然后运用普通最小二乘法即 OLS 方法对变量所组成的回归方程的参数进行估计，并计算回归方程的残差序列，检验残差序列是否为平稳序列。同两变量协整检验相同，若残差序列为平稳序列，则说明解释变量与被解释变量间存在协整关系，即稳定的长期均衡关系。如果残差序列是非平稳序列，则说明解释变量与被解释变量之间不存在协整关系，但是不能否认这些变量间不存在协整关系。此时需要调整被解释变量，重复第二步骤进行同样的 OLS 估计及新的回归方程的残差序列平稳检验，如果经过解释变量与被解释变量的调整后，所有的变量都作为被解释变量建立回归方程，仍然不能得到平稳的回归方程残差序列，则说明这些变量之间不存在协整关系。

3.1.1.2 误差修正模型

误差修正模型(Error Correction Modle,ECM)是一种特殊形式的计量经济学模型,Sargon 最早使用该模型,之后 Hendry,Anderson 和 Davidson 等人也在研究中使用该模型。误差修正模型主要是弥补长期均衡模型不能反映变量的短期波动对长期均衡的影响,它可以反映时间序列短期波动偏离长期均衡的修正能力。具体的,以两变量的误差修正模型为例,假设有两个时间序列分别为 x_t 和 y_t,经过协整检验二者具有协整性,进而建立二者的回归模型,发现二者之间的长期均衡关系,将建立的回归模型的误差修正项(如 $y_t - b_0 - b_1x_t$ 的形式)看作一个解释变量,同其他代表短期波动的解释变量一起进行回归,建立的短期模型即为误差修正模型(ECM)。

3.1.1.3 Granger 因果关系检验

Granger 因果关系检验的思路是:对于两个变量序列 x_t 和 y_t,若同时使用 x_t 和 y_t 的时间序列,对 y_t 的未来预测比单独根据 y_t 的历史数据预测结果准确,则说明 x_t 的历史数据对 y_t 的历史数据有影响,且对 y_t 的未来数据同样会有影响,则此时就说明 x_t 对 y_t 存在 Granger 因果关系。

$$y_t = \alpha_0 + \sum_{i}^{m} \alpha_i y_{t-i} + \sum_{i}^{m} \beta_i x_{t-i} + \varepsilon_i \tag{3.1}$$

$$x_t = \alpha_0 + \sum_{j}^{m} \alpha_j x_{t-j} + \sum_{j}^{m} \beta_j y_{t-j} + \varepsilon_j \tag{3.2}$$

具体方法是:对两个变量的模型中的原假设 $\beta_i(i=1,2,\cdots,m)=0$ 进行检验,原假设即为"x 不是引起 y 变化的原因",若接受原假设则说明"x 不是引起 y 变化的原因",若拒绝了 $\beta_i(i=1,2,\cdots,m)=0$ 的原假设,则拒绝"x 不是引起 y 变化的原因"的假设,则说明 x 对 y 存在 Granger 因果关系。同理对 $\beta_j(j=1,2,\cdots,m)=0$ 进行检验,若接受原假设则说明"y 不是引起 x 变化的原因",反之,则说明 y 对 x 存在 Granger 因果关系。

3.1.1.4 一元与多元回归模型

若经济变量之间存在相互关系,则一般可划分为两类:一类是完全确定的函数关系,另一类是非确定性的相关关系。

第一类,即完全确定的函数关系。如果一个变量 y 的取值由另外一个变量 x 或另外一组变量$(x_1,x_2,x_3,\cdots,x_k)$以唯一的一种形式表示出来,则说明 y 与 x 或 y 与$(x_1,x_2,x_3,\cdots,x_k)$之间存在完全确定的函数关系。用数学表达式表示为:

$$y=f(x)$$

或者

$$y=f(x_1,x_2,x_3,\cdots,x_k)$$

一元线性函数的一般表达形式为：

$$y=b_0+b_1x$$

另一类是非确定性的相关关系。如果一个变量 y 的取值受到另一变量 x 或另一组变量 $(x_1,x_2,x_3,\cdots,x_k)$ 的影响，但给定一个 x 或一组 $(x_1,x_2,x_3,\cdots,x_k)$ 的时候，y 的取值并不是唯一确定的，则变量 y 与一个 x 或一组 $(x_1,x_2,x_3,\cdots,x_k)$ 之间为相关关系。用代数式表示为：

$$y=f(x,u)$$

或者

$$y=f(x_1,x_2,x_3,\cdots,x_k,u)$$

对于一组不同的观测值 (x_t,y_t) 或 $(x_{1t},x_{2t},x_{3t},\cdots,x_{kt},y_t)$，$t=1,2,\cdots,n$，它们都落在

$$y_t=f(x_t,u_t)\ (t=1,2,\cdots,n)$$

或者

$$y_t=f(x_{1t},x_{2t},x_{3t},\cdots,x_{kt},u_t)\ (t=1,2,\cdots,n)$$

其中，u 为随机误差项。最简单的一元线性回归模型：

$$y=b_0+b_1x+u \tag{3.3}$$

式(3.3)所表示的关系式，称为一元线性总体回归模型。其中，“一元”是指分析模型中只有一个自变量 x，x 为解释标量(explanatory variable，或自变量 independent variable)，x 可以解释因变量 y 变化的部分原因，y 被称为被解释变量(explained variable，或因变量 dependent variable)，b_0，b_1 为参数。u 称为“随机误差项”，它包含了除解释变量 x 之外的各种对被解释变量 y 影响的因素总和。

对于线性回归模型而言，模型估计的任务是用回归分析方法估计模型(3.3)的参数，估计参数最常用的方法是普通最小二乘估计法。为保证回归模型所估计参数的良好性质，对模型做出基本假设。设一元线性回归模型为：

$$y_t=b_0+b_1x_t+u_t \tag{3.4}$$

一元线性回归模型通常有两个基本假定：一是关于变量和模型的假定；二是关于随机误差项 u_t 的统计性质的假定。

在关于变量和模型的假定中，首先，假定在重复抽样中解释变量 x_t 的取值是非随机即固定的值，或者说即便解释变量 x_t 是随机的值，但其与 u_t 是相互独立的，没有联系。其次，假定模型中的解释变量 x_t 无测量误差。以及假定模型对变量和函数形式的设定是正确的，即不存在设定误差。

在关于随机误差项 u_t 的假定中，由于 u_t 不是直接观测得到的，因此为了保证其对模型的估计的良好统计性质，计量经济研究中对 u_t 的分布作如下基本

假定：

假设1　关于均值的假设。在解释变量 x_t 既定的条件下，随机误差项 u_t 的数学期望即均值假设为零，即

$$E(u_t)=0$$

也就是说，对一元线性回归模型 $y_t = b_0 + b_1x_t + u_t$，即有：

$$E(y_t) = b_0 + b_1x_t$$

假设2　关于方差的假定。随机误差项 u_t 的方差与时期 t 无关，其为一个常数 σ^2，即

$$\text{var}(u_t)=E[u_t-E(u_t)]^2=E(u_t^2)=\sigma^2$$

假设2表示无论解释变量 x_t 如何随 t 变化，误差项 u_t 的方差不会发生变化，即表示误差项相对各自均值 $E(u_t)$ 的分散程度是相同的。一般的，随机误差项 u_t 的方差小，表示它所对应的观察值 y_t 的可靠程度高，应给予高度重视。反之，若误差项 u_t 的方差大，表示与它所对应的观察值 y_t 的可靠程度低，则对其重视程度也随之降低。不难证明，被解释变量 y_t 与随机误差项 u_t 具有相同的方差 σ^2。

假设3　关于相关性的假定。即不同的误差项 u_t 和 $u_s(t\neq s)$ 相互独立，即

$$\text{cov}(u_t,u_s)=E[u_t-E(u_t)][u_s-E(u_s)]=E(u_tu_s)=E(u_t)E(u_s)=0$$

该假设表明，对于模型产生干扰的因素是随机的、相互独立的、互不相关的。

假设4　关于解释变量 x_t 与随机误差项 u_t 的相关性假定。假定二者相互独立，互不相关。

$$\text{cov}(x_t,u_t)=E[x_t-E(x_t)][u_t-E(u_t)]=0$$

这一假设表明，解释变量 x_t 与随机误差项 u_t 相互独立，互不相关，且模型中解释变量 x_t 与随机误差项 u_t 对被解释变量 y_t 的影响也是完全独立的。

假设5　关于正态性假定。即假定误差项 u_t 服从均值为零、方差为 σ^2 的正态分布，即

$$u_t \sim N(0,\sigma^2)$$

根据一元线性回归模型表达式，被解释变量 y_t 则服从均值为 $b_0+b_1x_t$、方差为 σ^2 正态分布，即

$$y_t \sim N(b_0+b_1x_t,\sigma^2)$$

以上对随机误差项 u_t 的假设是德国数学家高斯最早提出的，也称为高斯假设或称古典假设。服从上述5项基本假设的线性回归模型，通常称为古典线性回归模型。

现实经济现象的复杂多变性，决定了一种经济现象通常是由多个变量的变化引起的，根据影响被解释变量的经济变量的个数的多少，即可形成不同的线性回归模型。如果被解释变量的变化原因可由一个主要解释变量加以解释，其他

解释变量的影响可以忽略,则可以用一元线性回归模型表示。被解释变量由多个变量影响,则对应的线性回归关系即演变为多元线性回归模型。

一般的,如果被解释变量 y 与解释变量 $x_1, x_2, x_3, \cdots, x_k$ 之间有如下线性关系:

$$y = b_0 + b_1 x_1 + b_2 x_2 + \cdots + b_k x_k + u \tag{3.5}$$

则对被解释变量 y 与解释变量 $x_1, x_2, x_3, \cdots, x_k$ 作 n 次观测后,所得 n 组观测样本$(y_t, x_{1t}, x_{2t}, \cdots, x_{kt})(t = 1, 2, \cdots, n)$将满足如下关系:

$$y_t = b_0 + b_1 x_{1t} + b_2 x_{2t} + \cdots + b_k x_{kt} + u_t \tag{3.6}$$

式 3.6 是多元线性回归模型的一般形式。$(y_t, x_{1t}, x_{2t}, \cdots, x_{kt})(t = 1, 2, \cdots, n)$为第 t 次观测样本;$b_j(j = 0, 1, 2, \cdots, k)$为模型参数;$u_t$ 为随机误差项。

在多元线性回归模型中,引入多个解释变量对被解释变量进行解释,对于解释变量的系数,即模型中的参数 $b_j(j = 0, 1, 2, \cdots, k)$代表在其他解释变量不变的条件下,第 j 个解释变量变动一单位对被解释变量均值的影响。

由式(3.6),得 y 的期望函数:

$$E(y_t) = b_0 + b_1 x_{1t} + b_2 x_{2t} + \cdots + b_k x_{kt} \tag{3.7}$$

该函数是解释变量的多元线性函数,称为多元线性总体回归方程。在该回归方程中,各参数是未知的。多元线性回归分析的主要任务是,通过回归模型估计出的多个参数,在对参数及回归方程进行统计检验后,进而观察多个解释变量对被解释变量的影响程度。

将 n 次观测样本所遵从的 n 个随机方程式(3.6)写成方程组的形式,有:

$$\begin{aligned} y_1 &= b_0 + b_1 x_{11} + b_2 x_{21} + \cdots + b_k x_{k1} + u_1 \\ y_2 &= b_0 + b_1 x_{12} + b_2 x_{22} + \cdots + b_k x_{k2} + u_2 \\ &\cdots \\ y_n &= b_0 + b_1 x_{1n} + b_2 x_{2n} + \cdots + b_k x_{kn} + u_n \end{aligned}$$

利用矩阵运算,可表示为:

$$\begin{bmatrix} y_1 \\ y_2 \\ \cdots \\ y_n \end{bmatrix} = \begin{bmatrix} 1 & x_{11} & x_{21} & \cdots & x_{k1} \\ 1 & x_{12} & x_{22} & \cdots & x_{k2} \\ \cdots & \cdots & \cdots & \cdots & \cdots \\ 1 & x_{1n} & x_{2n} & \cdots & x_{kn} \end{bmatrix} \begin{bmatrix} b_0 \\ b_1 \\ \cdots \\ b_k \end{bmatrix} + \begin{bmatrix} u_1 \\ u_2 \\ \cdots \\ u_n \end{bmatrix}$$

记 $\boldsymbol{Y} = \begin{bmatrix} y_1 \\ y_2 \\ \cdots \\ y_n \end{bmatrix}$为被解释变量的观测值向量;$\boldsymbol{X} = \begin{bmatrix} 1 & x_{11} & x_{21} & \cdots & x_{k1} \\ 1 & x_{12} & x_{22} & \cdots & x_{k2} \\ \cdots & \cdots & \cdots & \cdots & \cdots \\ 1 & x_{1n} & x_{2n} & \cdots & x_{kn} \end{bmatrix}$为

解释变量的观测值矩阵；$\boldsymbol{B}=\begin{bmatrix} b_0 \\ b_1 \\ \cdots \\ b_k \end{bmatrix}$为总体回归参数向量；$\boldsymbol{U}=\begin{bmatrix} u_1 \\ u_2 \\ \cdots \\ u_n \end{bmatrix}$为随机误差向量。

用矩阵表示多元线性回归模型即为：

$$Y = XB + U \tag{3.8}$$

用矩阵表示多元线性回归方程即为：

$$E(Y) = XB \tag{3.9}$$

用矩阵表示多元线性样本回归模型即为：

$$Y = X\hat{B} + e$$

在进行多元线性回归分析过程中，利用观测的样本值对线性回归模型中的各参数进行估计，并分别用估计所得的参数值代替对应的参数，即可得到多元线性样本回归方程：

$$\hat{y}_t = \hat{b}_0 + \hat{b}_1 x_{1t} + \hat{b}_2 x_{2t} + \cdots + \hat{b}_k x_{kt} \tag{3.10}$$

其中，$\hat{b}_j(j=1,2,\cdots,k)$是对总体回归参数 b_j 的估计。

3.1.2 中国经济增长特征

3.1.2.1 经济增长速度快

中国经济发展一直保持着快速而持续的增长。若不考虑价格因素的影响，改革开放前（1952～1978）的 GDP 的平均增长率为 6.68%，而改革开放后（1978～2009），中国经济则呈现高速增长的态势，平均经济增长率高达 15.76%。中国经济在经历大跃进和文化大革命重创后，改革开放给中国经济带来天翻地覆的变化，改革开放以后 GDP 年均增长率较改革开放前提高了一倍多，中国经济的成长速度之快不得不让世界发达国家瞠目。未来中国经济的发展将向世界发达国家看齐，成为世界经济共同体中的重要成员。

3.1.2.2 产业结构日渐合理

无论是从中国改革开放前后的纵向 GDP 数据，还是中国在世界经济中的重要性，都可以看出中国经济的巨大发展。中国在 1952 年的 GDP 总量仅为 679.0 亿元，并且从 GDP 构成来看，主要以第一产业为主，第一产业 GDP 比重占中国 GDP 总量构成的 51.0%，第二产业占 GDP 总量构成的 20.9%，第三产业占 GDP 总量构成的 28.1%，产业结构并不合理。随着中国经济的不断发展，产业结构也在不断地调整中，其中第一产业在国民经济中的比重逐年降低，二、三产业在国民经济中的比重逐渐提高，到2009年中国GDP总量达到340 506.9亿元，其中第一产业占GDP总量的比重已经降至10.3%，二、三产业的比重分别提高至46.3%，43.4%。根据2006年世界银行WDI数据库数据，代表发达国家的经合组织成员国三次产业结构，即第一产业、第二产业、第三产业的比例为1.4∶25.8∶72.8。由此可以看出，中国产业结构和20世纪50年代相比已经日趋合理，但是和发达国家相比，第一、二产业所占比例依然过高，中国仍需继续深化改革。

3.1.2.3　人均国内生产总值较低

中国经济发展迅速，经济总量丰富，但人均GDP较发达国家相比仍然较低。主要由于中国人口总量巨大，并且人口增长速度较快。1952年我国人口总量为57 482万人，到2009年人口总量达到1 334 742万人。人均GDP在1952年仅为119元/人，1978年增加为381元/人，1952～1978年间的平均增长率为4.57%。改革开放以后，到2009年人均GDP为25 511.1元/人，1978～2009年间的平均增长率为14.52%。随着中国经济增长速度加快，人均GDP也在不断增加。但无论改革开放前还是改革开放以后，人均GDP年均增长率均低于GDP年均增长率。这也说明，中国经济未来的发展，国家的富强还要受到人口总量的制约。

3.1.2.4　经济增长方式落后

中国经济高速增长的背后也蕴藏着巨大的危机，一直以来，中国经济都沿用着传统的高投入、高消耗、高排放的粗放型经济增长方式，也就是说中国经济增长主要是靠资金、劳动力、能源等生产要素的大量投入来支撑的，而不是依赖技术进步、规模经济、结构优化、科学管理等引起的生产效率提高来实现的。这种经济增长方式虽然也带来经济发展，但是经济增长质量偏低，带来的副作用明显，例如带来资源的浪费、能源的过度开发、生态环境的破坏等，使经济发展的同时也带来沉重的治理负担。当前，随着全球生态环境的恶化，自然灾害的频发，给包括中国在内的发展中国家敲响了警钟，我国经济发展也面临着转变经济增长方式的挑战。"十一五"期间，我国已对经济增长方式进行了部分调整，在"十二五"规划中也重点提到了关于转变经济增长方式的目标和措施，粗放式经济扩张在中国已经走到了尽头。

3.1.3　煤炭消费与经济发展关系分析

能源在一国经济中具有举足轻重的作用，世界各国由于资源禀赋条件不同而具有不同的能源消费结构。中国能源消费结构主要以煤为主，煤炭在能源消费结构中的比重一般为70%左右,而石油、天然气、电力等能源占有量合计为30%左右。作为全世界最大的煤炭生产国和煤炭消费国,在煤炭生产以及消费总量上中国已分别占据世界总量的40%以上。煤炭在我国国民经济的快速发展和基础设施建设方面起到了举足轻重的作用,煤炭的生产与消费随国民经济增长的轨迹也非常明显。

从图3.1煤炭消费增长率、能源消费增长率与GDP增长率对比可以看出,1953~2009年间,能源消费增长率与煤炭消费增长率具有较为一致的变动趋势,他们与GDP增长率的大小关系上,只有改革开放前个别年限能源消费增长率与煤炭消费增长率大于GDP增长率,其余年限均是GDP增长率大于煤炭消费增长率。该规律可以通过图3.2煤炭消费弹性给予很好地解读,改革开放以后,除个别年限1989,2003~2005年出现煤炭消费弹性系数大于1的情况外,我国煤炭消费弹性系数均小于1,即便如此,我国和其他发达国家相比,煤炭消费弹性系数依然过高。高能耗支撑了中国经济的增长,但高能耗的能源利用对于经济增长的保证是否该坚持,如何解决能源利用和经济发展的矛盾,成为急需解决的重要问题。随着我国开展节能降耗、环境保护、转变经济增长方式等经济发展方向的调整,成效已在"十一五"期间有所体现,煤炭消费弹性降低,预计随着调整的深入未来煤炭消费弹性系数将继续降低,我国经济发展对能源的需求结构将发生变化,清洁能源的比例将伴随经济发展方式的调整而逐步提高。

图3.1　中国1953~2009年GDP与能源消费、煤炭消费增长率对比

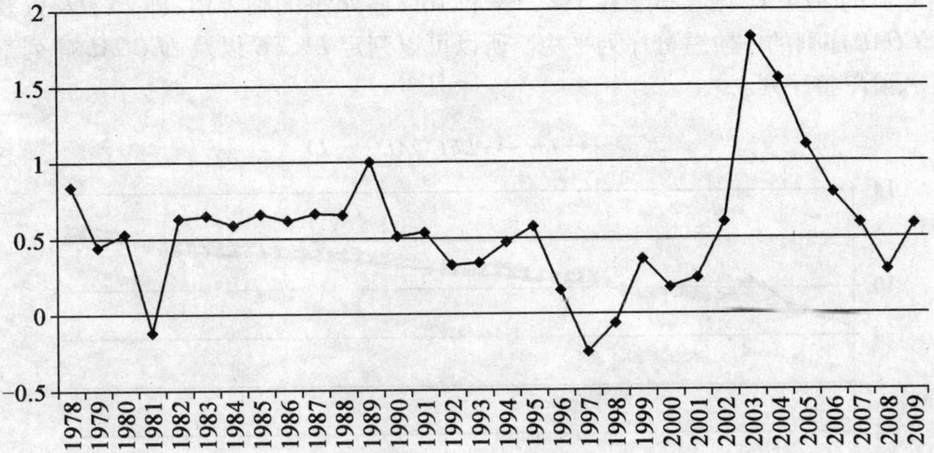

图 3.2　中国 1978 ~ 2009 煤炭消费弹性系数走势

3.1.4　中国煤炭消费与经济增长的实证分析

由于协整与因果关系分析在研究能源消费与其影响因素关系上的普遍适用性,研究煤炭消费与经济增长的关系仍采用协整与因果关系分析。对中国煤炭消费与经济增长的协整性与因果关系的研究,本文选取的变量有国内生产总值(GDP)*Y*、能源消费总量 *E* 以及煤炭消费总量 *ECOAL*。GDP 的单位为亿元,并将原始数据用 GDP 平减指数换算成以 1953 年为不变价的实际 GDP,煤炭消费总量的单位为万吨标准煤。在分析过程中为了消除变量的异方差和便于变量间长短期弹性的分析,文中对各变量分别取对数值,记为 *L* + 变量名。各变量选取的样本期间为 1953 ~ 2009 年,图 3.3 给出了无量纲的煤炭消费总量、能源消费总量与 GDP 的对数值时间序列,由图 3.3 可以看出煤炭消费与 GDP 序列保持了长期共同的变化趋势。下面首先对各变量进行单整性检验,然后建立煤炭消费与 GDP、能源消费与 GDP 之间的协整方程和误差修正模型,最后检验二者是否具有因果关系。

3.1.4.1　变量的单位根检验

在进行协整分析之前,首先对 *LY*,*LE* 以及 *LECOAL* 的平稳性进行检验,判别序列是否平稳。本书采用 ADF 单位根检验的方法检验序列是否平稳,滞后阶数的确定基于 SIC 准则。由表 3.1 可知,*LY*,*LE* 以及 *LECOAL* 的 ADF 检验值大于在 1% ,5% 和 10% 各水平下的临界值,接受有单位根的假设,序列不平稳。对各序列进行一次差分后,得到的一次差分序列见表 3.2,*LY*,*LE* 以及 *LECOAL* 的一阶差分的 ADF 检验值小于在 1%,5% 和 10% 各水平的临界值,即 *LY*,*LE* 以及 *LECOAL* 序列的一阶差分序列平稳。所以可以判定 *LY*,*LE* 以及 *LECOAL* 序列都是一阶单整序列。

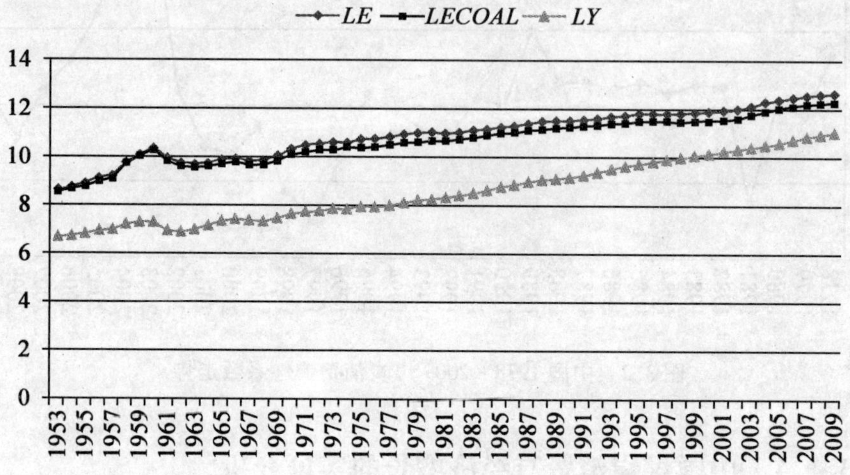

图 3.3　*LY*,*LE*,*LECOAL* 的变化趋势(1953～2009)

表 3.1　原始序列 ADF 单位根检验结果

序列	*LY*	*LE*	*LECOAL*
ADF 值	−1.660 304	−2.238 696	−1.359 066
结论	非平稳	非平稳	非平稳

表 3.2　一次差分 ADF 单位根检验结果

一次差分序列	D(*LY*)	D(*LE*)	D(*LECOAL*)
DF 值	−5.578 937 * *	−4.306 040 * *	−4.351 963 * *
	平稳	平稳	平稳

注:* * 表示检验值在水平 1% 上统计显著。

3.1.4.2　能源消费与经济增长的协整性与误差修正模型

因为 *LY*,*LE* 以及 *LECOAL* 序列都是一阶单整序列,进一步检验其协整性。利用 OLS 进行回归,得到的协整回归方程见表 3.3。

LE 与 *LY* 的回归方程见表 3.3,对该残差 ecm 做单位根检验,检验统计量为

-3.667 286，小于显著性水平 0.01 时的临界值 -2.608 490，则认为估计残差序列 ecm 为平稳序列，进而得到 *LE* 与 *LY* 具有协整关系，即能源消费总量与 GDP 存在协整关系。并且从回归结果可以看出，*LE* 与 *LY* 回归方程的总体检验 F 检验以及各回归系数的 t 检验都在 1% 的显著水平上通过，拟合优度 R^2 也很显著。

同理，*LY* 与 *LECOAL* 的回归方程见表 3.3，其协整方程的残差序列 ecm 的取值如图 3.4，对该残差 ecm 做单位根检验，检验统计量为 -3.610 446，小于显著性水平 0.01 时的临界值 -2.607 686，则认为估计残差序列 ecm 为平稳序列，进而得到 *LECOAL* 与 *LY* 具有协整关系，即煤炭消费总量与 GDP 存在协整关系。从回归结果可以看出，*LECOAL* 与 *LY* 回归方程的总体检验 F 检验以及各回归系数的 t 检验都在 1% 的显著水平上通过，拟合优度 R^2 也很显著。

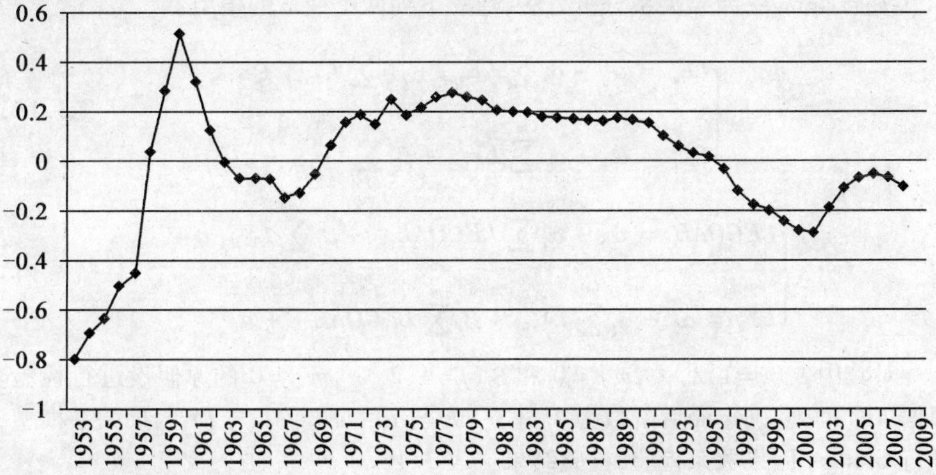

图 3.4　*LECOAL* 与 *LY* 协整方程的残差折线图

表 3.3　协整方程及残差单位根检验表

协整方程	R^2	F	ecm 的 ADF 单位根检验	检验结论
$LE = 4.283\ 050 + 0.771\ 788LY + \text{ecm}$ T = (16.596 72)　(25.968 37)	0.924 591	674.356 4	-3.667 286	平稳
$LECOAL = 4.591\ 652 + 0.706\ 723LY + \text{ecm}$ T = (19.832 61)　(26.505 59)	0.927 397	702.546 4	-3.610 446	平稳

由于残差序列为平稳序列，以 ecm 为误差修正项，建立误差修正模型（ECM），结果如下：

1. 能源消费与 GDP

$$LE_t = 0.673\,865 + 0.889\,701 LE_{t-1} + 1.123\,535 LY_t - 1.063\,682 LY_{t-1} + u_t$$

(3.722 432)　(22.734 46)　(7.241 611)　(-6.356 250)

$$adj.\ R^2 = 0.993\,848 \quad F = 2\,800.062 \tag{3.11}$$

2. 煤炭消费与 GDP

$$LECOAL_t = 0.749\,059 + 0.875\,759 LECOAL_{t-1} + 1.140\,590 LY_t - 1.076\,161 LY_{t-1} + u_t$$

(3.263 697)　(18.454 73)　(6.746 835)　(-5.838 644)

$$adj.\ R^2 = 0.991\,536 \quad F = 2\,030.672 \tag{3.12}$$

3.1.4.3　煤炭消费与经济增长的因果关系分析

按照 Granger 因果关系分析方法,建立下列两个变量的模型:

$$\begin{cases} LE_t = \alpha_0 + \alpha_i \sum_i^m LE_{t-i} + \beta_i \sum_i^m LY_{t-i} + \varepsilon_i \\ LY_t = \alpha_0 + \alpha_j \sum_j^m LY_{t-j} + \beta_j \sum_j^m LE_{t-j} + \varepsilon_j \end{cases} \tag{3.13}$$

$$\begin{cases} LECOAL_t = \alpha_0 + \alpha_i \sum_i^m LECOAL_{t-i} + \beta_i \sum_i^m LY_{t-i} + \varepsilon_i \\ LY_t = \alpha_0 + \alpha_j \sum_j^m LY_{t-j} + \beta_j \sum_j^m LECOAL_{t-j} + \varepsilon_j \end{cases} \tag{3.14}$$

对其中 $\beta_i(i=1,2,\cdots,m)=0$ 和 $\beta_j(j=1,2,\cdots,m)=0$ 的原假设进行检验。根据 AIC 准则,确定滞后阶数为 2,建立 *LE* 与 *LY*,*LECOAL* 与 *LY* 因果关系模型,进行 Granger 因果关系检验,检验结果见表 3.4。

表 3.4　变量的 Granger 因果关系检验

变量	零假设	滞后阶数	F - Statistic	Probability	结论
LE,*LY*	*LY* 不是 *LE* 的 Granger 原因	2	5.379 13	0.007 7	拒绝
	LE 不是 *LY* 的 Granger 原因		7.957 44	0.001 0	拒绝
LECOAL,*LY*	*LY* 不是 *LECOAL* 的 Granger 原因	2	6.969 94	0.002 1	拒绝
	LECOAL 不是 *LY* 的 Granger 原因		6.542 45	0.003 0	拒绝

由检验结果可以看出,在 1% 的显著水平上,F 值的收尾概率小于 1%,因此拒绝了"*LY* 不是 *LE* 的 Granger 原因"与"*LE* 不是 *LY* 的 Granger 原因"的假设,即 1953 ~2009 年间中国能源消费与 GDP 存在着双向的格兰杰因果关系,即相互影

响;同理,在 1% 的显著水平上,拒绝了“*LY* 不是 *LECOAL* 的 Granger 原因”与“*LECOAL* 不是 *LY* 的 Granger 原因”的假设,因此在 1953 ~ 2009 年间中国煤炭消费与 GDP 同样存在双向的因果关系,二者相互影响。

3.1.4.4　实证分析结论

根据中国统计年鉴、中国能源统计年鉴资料,运用 1953 ~ 2009 年的时间序列数据,对 GDP、能源消费总量和煤炭消费总量进行 ADF 检验,判断其单整性,进而运用 OLS 法和 ADF 检验判断 GDP 与能源消费总量、GDP 与煤炭消费总量的协整关系。建立 GDP 与能源消费总量、GDP 与煤炭消费总量的协整方程和误差修正模型,并运用 Granger 因果关系检验方法,对能源消费与经济增长、煤炭消费与经济增长之间的关系进行了实证分析,从模型结果看,模型的拟合优度较高,方程通过 F 检验,回归系数通过 t 检验,分析如下:

(1)能源消费与经济增长之间存在着长期的均衡关系,能源消费的波动可以分为两部分:一部分短期波动的影响,一部分偏离长期均衡的影响。根据误差修正模型,本期 GDP 变化 1%,引起本期能源消费同向变化 1.123 535%,上期 GDP 变化 1%,引起本期能源消费反向变化 1.063 682%,而上期能源消费变化 1%,也引起本期能源消费同方向的变化 0.889 701%。从协整方程看,长期 GDP 变化 1%,引起本期能源消费同向变化 0.771 788%。ecm 的系数反映了对偏离长期均衡的调整力度,从估计值 -0.121 572 看,符合反向修正机制,当短期波动偏离长期均衡时,以 12.157 2% 的调整力度将非均衡状态拉到均衡状态,也可以说是每年实际能源消费与长期均衡值的偏差中有 12.157 2% 被修正。

(2)煤炭消费与经济增长之间存在着长期均衡关系,长期煤炭消费与经济增长呈同向变动,煤炭消费的波动同样可以分为两部分:即短期波动的影响和偏离长期均衡的影响。根据误差修正模型,本期 GDP 变化 1%,引起本期煤炭消费同向变化 1.140 59%,上期 GDP 变化 1%,引起本期煤炭消费反向变化 1.076 161%,而上期煤炭消费变化 1%,引起本期煤炭消费同向变化 0.875 759%。ecm 的系数估计值为 -0.124 874,表明若煤炭消费短期波动偏离长期均衡时,将以 12.487 4% 的调整力度将非均衡状态拉到均衡状态,即每年煤炭消费与长期均衡值的偏差中 12.487 4% 被修正。

(3)研究结果表明,中国能源消费与经济总量之间存在协整与双向因果关系。从投入产出的角度看,能源作为生产过程中的投入要素,能源投入的增加会带来经济产出的增加。反过来,若生产技术并没有改进,在能源投入产出比不变的情况下,若经济总量扩大,对能源要素的引致需求也会增加。因此,能源消费与经济增长二者互为影响。

(4)煤炭消费量与经济增长之间存在协整性与双向因果关系。大量的煤炭投入,促进了中国经济的增长,同时经济的高速增长也带来大量的煤炭需求。该结论和能源消费与经济增长的关系正好相符。由于我国特殊的能源消费结构,煤炭消费占到总能源消费量的比重在70%左右,煤炭消费与经济增长的关系应与能源消费总量与经济增长的关系具有相同或相似的规律。或者说煤炭消费与经济增长的关系可以代表中国能源消费与经济增长的关系及变化规律。

3.2 产业结构变动与中国煤炭消费的关系分析

关于能源消费与产业结构关系的研究,学者们进行了大量的研究,通过不同的分析工具和不同的研究时间区间得出了相同和相近的结论。路正南(1999)、尹春华等(2003)、欧晓万(2008)、周密等(2008)、梁广华(2009)利用不同方法对我国能源消费与产业结构的关系进行研究。李岚红(2010)结合国内生产总值三大产业的国际数据,分析产业结构对中国能源消费的影响程度。关于能源消费和产业结构关系进行了诸多研究,但是从目前研究现状来看,关于煤炭消费和产业结构关系的研究甚少,少有学者对产业结构与煤炭消费的关系进行分析,因此,通过对煤炭消费和产业结构的关系的研究,了解产业结构对煤炭消费的影响是有必要的。

3.2.1 中国产业结构演变

产业结构是指一个国家或地区的人、财、物在国民经济各部门的分配状况和构成比例。1940 年英国经济学家柯林·克拉克在其著作《经济进步的条件》一书首次提出了三次产业的划分方法,把国民经济整体划分为第一产业、第二产业和第三产业,这也是目前世界上较为常用的划分方法。目前各国具体把哪些部门划分为第一产业,哪些部门划分为第二、三产业还存在一定的差别,由于本书是基于中国的研究,因此参照国家统计局关于产业结构的划分方式进行研究,即把农、林、畜、渔业划分为第一产业,把采矿业、制造业、电力煤气及水的生产和供应业、建筑业划分为第二产业,除了第一、二产业以外的其他部门划分为第三产业。根据 1953 ~2009 年统计资料,获得各年三次产业结构比例,如图 3.5 所示,三次产业结构比例有如下变动规律:

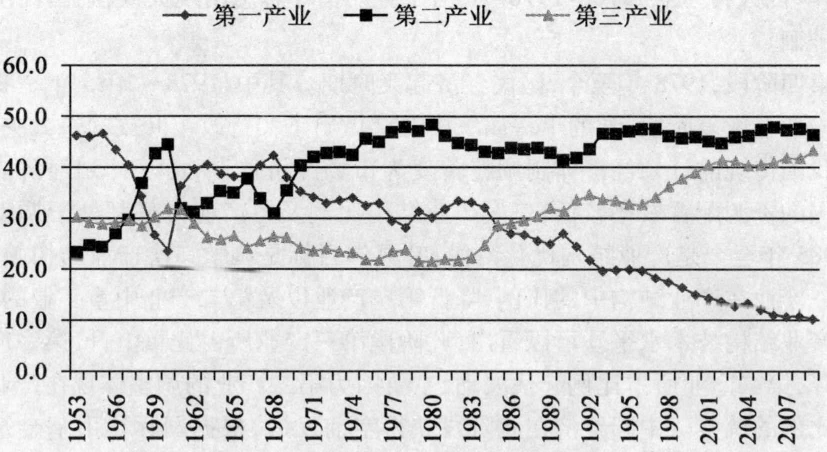

图 3.5　中国三次产业比例结构演变图

第一阶段，1953～1957 年，"一五"时期，同时也是新中国成立后国民经济恢复时期。在此期间，我国工农业生产取得了巨大成就。此时，第一产业比例高于二、三产业，工业总产值平均每年增长 18%，农业总产值平均每年增长 4.5%，工业生产增长明显快于农业。这段时间中国在苏联和东欧国家的帮助下，建设了以"156 项"为核心的近千个工业项目，中国工业体系的雏形基本形成，为社会主义工业的建设奠定了坚实基础。

第二阶段，1958～1965 年，该时期是"大跃进"和国民经济调整时期。第一产业比例先降后增，第二、三产业的比例先增后降。这主要由于 1958～1962 年期间，主观主义和"左"倾思想影响，导致工农业生产的比例关系严重失调，工业生产难以持续发展。农业总产值在"二五"期间年均增长率为 -4.3%，出现了负增长。工业生产在 1958～1960 年小幅增长，随后 1961 年、1962 年大幅度下降，工业总产值年均增长仅为 3.8%。1961 年国家实行了以"调整、巩固、充实、提高"为核心的国民经济综合治理，在 1963～1965 年国民经济调整时期，工业总产值年均增长率 17.9%，农业总产值年均增长率为 11.1%，工业增长速度明显加快。

第三阶段，1966～1978 年，文化大革命十年动乱时期。这个时期中国经济大起大落，三次产业结构比例起伏不定。从主要的工农业总产值来看，"三五"时期，农业总产值平均每年增长率为 3.9%，工业总产值平均年增长率为 11.7%，"四五"时期，农业总产值平均每年增长率为 4%，工业总产值平均年增长率为 9.1%，工农业生产由于受文化大革命的影响，均呈现较低增长率。1976

年粉碎“四人帮”后,1976～1978年,由于党的指导思想出现失误,中国经济仍在低谷徘徊。

第四阶段,1978年至今,国民经济起飞时期。其中,1978～1985年是我国产业结构调整恢复阶段,党的十一届三中全会做出了实行改革开放的重大决策,决定把我国传统的计划经济体制调整转变为市场经济体制,由于计划经济体制导致我国的资源配置效率较低,三次产业结构比例及各产业内部都处于调整恢复期;1985年至今是产业结构优化阶段,其具体目标是调整三次产业结构关系,提高第三产业在产业结构中的比例,降低第一产业以及第二产业中重工业的比例,提高产业结构技术水平。可以看出,此阶段第三产业所占比重上升,第一产业比重下降,第二产业所占比例起伏波动,主要因为第二产业的调整体现在产业内部结构比例的调整。中国经济在此阶段获得空前发展,根据国际货币基金组织的数据统计,经过了20余年的产业结构的调整恢复,中国的国内生产总值的排名已从1978年的第10位上升至2010年的世界第2位。2008年,主要工业产品的产量如钢、煤、水泥、化肥等,以及主要农业产品产量如谷物、肉类、花生、水果等均位于世界第1位。

3.2.2　不同收入国家的产业结构与能源消费

表3.5给出了不同收入国家的产业结构、能源消费的关系。从表3.5中可以看到如下规律,以美国为首的经合组织国家是高收入国家,其单位GDP能耗普遍较低,而且这些国家的产业结构比例表现出接近相同的趋势,即第三产业是产业结构中比例最高的,一、二产业比例均小于第三产业比例。发达国家所处工业化发展阶段决定其特定的产业结构分布,而第三产业为主的产业分布又决定了其对能源的消耗大大降低,其经济的发展进步主要靠资金和技术来支撑,因此其经济总量增长,但其单位GDP的能耗却是极低的。中低收入国家的菲律宾、泰国、印度、巴西、墨西哥等国的单位GDP能源消耗低于中国,分析其原因主要是由于这些国家的产业结构比例和中国有所不同,这些国家的产业结构和高收入国家也共同之处,即第三产业在三次产业结构中的比例最高。对比分析中低收入国家中单位GDP能耗较高的越南、尼日利亚、印度尼西亚和俄罗斯,这四国的单位GDP能耗与中国较为接近,不考虑技术因素对能源消费的影响,仅研究造成GDP能耗差距的产业结构原因,从这四国的三次产业分布来看,第三产业除了俄罗斯比重相对较高以外,其他三个国家均和中国一样第三产业比重低于高收入国家,而第二产业在国民经济中的占比普遍偏高,由此可见,第一、二产业在国民经济中的比重直接影响一国的能源消费效率。

通过对高收入国家和中低收入国家的产业结构与能源消耗的关系分析可以

看出，一国的单位 GDP 能耗的高低与其三次产业结构布局有直接关系，规律如下：不管是高收入国家还是中低收入国家，第三产业比重占绝对优势是其能源效率提高的主要原因，第二产业比重较高将导致能源效率降低。因此，为提高我国能源效率改善产业结构比例是必要的，应在以后的产业结构优化过程中适当降低第一、二产业在国民经济中的比例，同时提高第三产业在国民经济中的比重。

表 3.5　世界各国国内生产总值产业构成〔1〕

国家和地区	2008 人均国民收入	第一产业		第二产业		第三产业	
		2000	2008	2000	2008	2000	2008
世界	8 613	3.6	3.0①	29.2	28.0①	67.2	69.0①
低收入国家	524	32	24.8②	24.1	27.7②	44	47.5②
最不发达地区	585	32.7	25.1②	23.7	28.9②	43.6	46.1②
重债穷国	548	31.3	23.9	23.7	28.1	45	48
中等收入国家	3 260	11	10.1	35.4	36.9	53.6	53
中等偏下收入国家	2 078	16.8	13.7	39.4	40.8	43.8	45.5
中等偏上收入国家	7 878	6	6	32	32.6	62	61.4
中低收入国家	2 789	11.9	10.5	34.9	36.6	53.2	52.9
东亚和太平洋	2 631	14.6	11.9	44.4	47.5	41	40.6
欧洲和中亚	7 418	9.5	7.4①	34.1	33.6①	56.4	59.1①
拉丁美洲和加勒比	6 780	5.9	6.2	29.5	32.1	64.6	61.8
中东和北非国家	3 242	12.6	11.6	43.3	40.6	44.1	47.9
南亚	986	23.9	18	25.8	28.6	50.3	53.4
撒哈拉以南非洲	1 082	16.5	13.5	29.3	32.5	54.2	54
高收入国家	39 345	1.8	1.4①	28	26.1①	70.2	72.5①
经合组织成员国	41 168	1.8	1.4①	27.7	25.8①	70.5	72.8①
非经合组织成员国	—	2.2	1.5①	35.4	34.3①	62.5	64.2①

〔1〕　资料来源：世界银行 WDI 数据库。注：①2006 年数据；②2007 年数据。

3.2.3 中国产业结构变动对煤炭消费的影响

由于产业结构对能源消费具有重要影响,从中国煤炭在能源消费结构中的比重可以得出产业结构对中国煤炭消费也有重要影响。产业结构对煤炭消费的影响主要体现在三个方面:一是三次产业结构的比例;二是各产业内部结构;三是产业内部行业的煤炭效率。我国的煤炭消费主要在第一产业煤炭消费、第二产业煤炭消费、第三产业煤炭消费和生活用煤。随着国民经济的发展和产业结构的优化升级,国民经济发展既面临着产业结构调整的问题,同时也面临着资源约束特别是以煤为主的能源约束的问题。

由图 3.6 可以看出,1985 ~2009 年,我国的三次产业结构中,第二产业煤炭消费呈较明显的上升趋势,第一产业变化不明显,第三产业煤炭消费有略微波动,但起伏不大。三次产业煤炭消费总量尤以第二产业煤炭消费量最大,第二产业煤炭消费 1985 年占煤炭消费总量的比重为 72. 5% ,到 2009 年所占比重提高到 94. 83% 。而第一产业和第三产业及生活用煤所占煤炭消费总量的比重逐渐降低,到 2009 年总计约占 5. 17% 。从煤炭利用效率的角度来看,2009 年第二产业增加值占据我国 GDP 总量约 50% ,但是却消耗了 90% 以上的煤炭消费量,较高的煤炭消耗,虽然在短期内可以推进经济增长,但是长期来说对于经济增长质量不利。

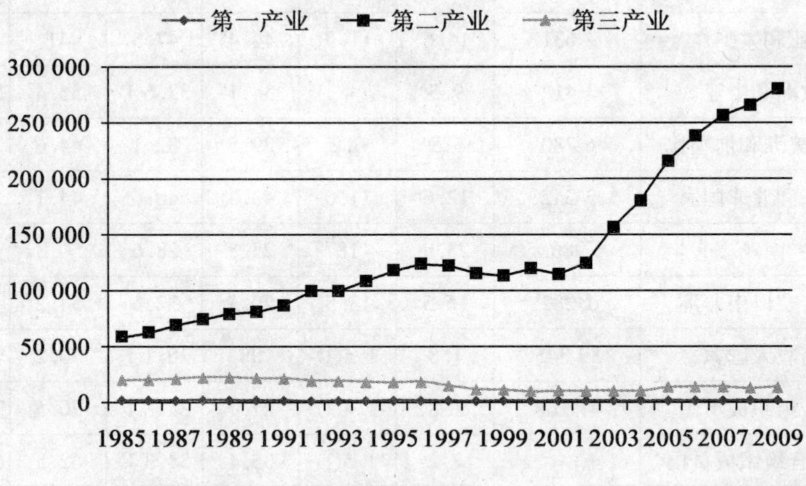

图 3.6 中国三大产业煤炭消费变动

由于三次产业中的各个行业生产过程不同,因此不同产业中不同行业的煤炭消费的弹性和效率有较大区别,不同消费效率和消费弹性的产业的节能潜力也不同,关于行业煤炭效率的相关研究将在后续章节中给出。根据发达国家的经验,产业结构高度化和协调化的国家地区具有较低的能源消费和较高的经济效益。因此,参照发达国家的产业结构比例和中国产业结构比例的差距,未来中国要提高煤炭消费效率,必然要降低第二产业的比例以及优化第二产业内部行业结构,努力发展第三产业并使其成为中国未来的支柱产业。

3.3　中国煤炭消费与煤炭价格的关系分析

3.3.1　中国煤炭价格现状

3.3.1.1　价格水平偏低

从 1949 年建国后一直到 20 世纪 70 年代末改革开放前,中国借鉴苏联计划经济体制模式,所有生产资料和生活资料都由国家统一调配。而煤炭作为保证国家大规模建设的重要的生产资料,作为国家一级统配物资实行统购、统销政策,由中央政府根据煤炭与其他生产资料的比价来进行定价,煤炭价格只是为了企业内部结算需要,既没有反映煤炭产品的价值,也不能反映煤炭产品市场的供求关系。改革开放以后,引入市场机制后煤炭价格进行了一系列调整。1986 年国家规定煤炭价格由统一出厂价加上一定幅度加价组成,1987 年又出台了对超核定能力和超计划的煤炭实行加价、议价政策,1992 年国家规定统配煤矿的煤炭实行市场调节价以及取消定向煤、计划煤限制,1993 年国家实行电煤政府指导价的政策。纵观煤炭价格改革历程,国家制定了多种煤炭价格形式,但是煤炭价格实质上是放而不开,煤炭价格依然受到政策的诸多限制,较低的煤炭价格使煤炭行业盈利能力较低甚至亏损。如图 3.7,3.8 所示,1953 ~ 1980 年间煤炭工业品出厂价有缓慢上升趋势,改革开放后 1981 ~ 1996 年间上升趋势逐渐明显,但是煤炭价格由于受到政策调控仍然过低,据统计从 1981 年到 2002 年间,除 1981 年微利外,其他年度国有煤矿整体处于亏损状态,且亏损额呈上升趋势。1997 ~ 2002 年间,我国商品煤价格一直徘徊在 150 元/吨左右,而电煤价格则一直在 150 元/吨以下低位运行。直到 2002 年以后我国煤炭价格市场化才见成效,煤炭价格开始明显上涨。

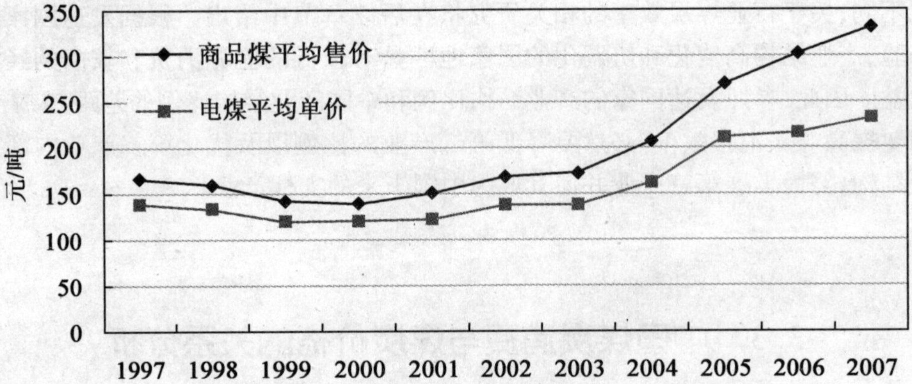

图 3.7　中国 1997～2007 年商品煤和电煤平均单价走势图

图 3.8　中国 1953～2009 年煤炭工业品出厂价格指数①

如图 3.9，对比世界各国煤炭价格变化情况，中国煤炭价格上升趋势最为明显，但是中国煤炭价格与世界其他国家相比依然过低，煤炭价格偏低除了煤矿企业无利可图以外，还有其他的负面影响：政策指导下的煤炭低价初衷是为了避免使用煤炭生产资料的其他部门的物价提高，但是此举却带来了国民经济各部门的发展失衡；作为国民经济的重要能源，煤炭低价直接降低了耗能企业的生产成本，导致高耗能企业能源浪费和技术改造的滞后；煤炭价格过低，导致煤炭企业失去技术创新和可持续发展的动力等。

① 1978 年以前数据由煤炭零售品平均价格计算环比指数，数据来自《1984 年中国统计年鉴》，1978 年以后数据来自之后各年统计年鉴的煤炭出厂价格指数（环比），并由环比指数计算定基指数。

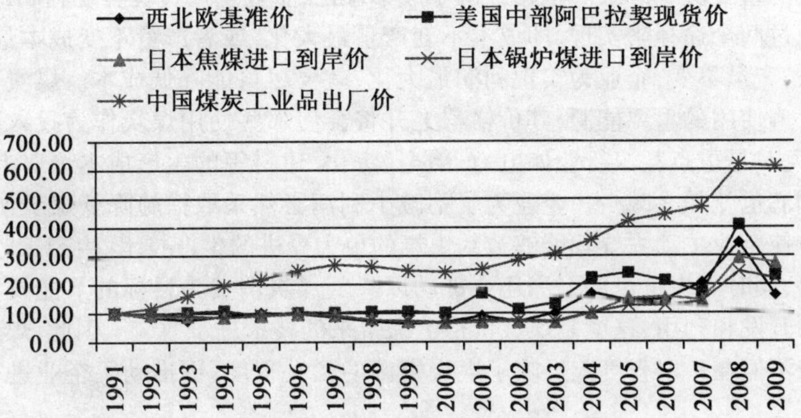

图3.9 世界各国煤炭价格指数变动(定基指数)

3.3.1.2 价格构成不完全

由于煤炭的价格长期受政府政策的限制,因此即便是煤炭市场也纳入市场机制,煤炭价格的构成仍不能像其他产品一样能够真实反映市场供求关系和其本身的价值。一般来说,产品定价的基础是产品成本,而对于煤炭产品而言,其成本包括内部成本和外部成本,内部成本主要体现在生产费用和管理费用上,而外部成本主要体现在运输费用(特别是铁路运输费用)、资源税收等方面。可现实中我国的煤炭价格却未完全考虑到这些,我国现行煤炭产品价格中往往忽视煤炭生产不同于一般产品的生产,煤炭产品本身及生产过程有其特殊性,其生产过程涉及煤矿安全、环境污染等其他外部成本,以及为开采而需支付的资源补偿费和煤矿退出成本等,在我国的煤炭成本中这些成本在煤炭价格中体现不足,导致我国煤炭价格构成不完全。这也是我国煤炭价格低于其他国家的一个重要影响因素,煤炭价格构成的不完全,直接导致了我国煤炭产业资源回收率低、安全生产形势严峻、矿区环境恶化、能源消费量高等一系列问题。由于煤炭是基础能源,煤炭价格的变化影响范围较大,更由于我国煤炭价格要按完全成本来定价缺乏成本核算的有关数据,因此,基于完全成本概念的市场化煤炭价格体系的构建与形成还需要一定的时间。

3.3.2 煤炭价格对煤炭消费的影响

3.3.2.1 煤炭价格上涨的技术进步效应

价格是影响需求的决定性因素,对于煤炭产品而言煤炭价格同样是影响煤炭消费的重要决定因素。根据经济学成本理论,企业生产过程实现利润最大化,可以通过两个途径来实现,即成本不变产量最大化,或者产量不变成本最小化。因此,若产量不变,企业为实现利润最大化,就要尽可能降低成本。煤炭作为在中国普遍使用的重要能源,其价格若上升将会使那些使用煤炭作为投入要素的行业,尤其是重点耗煤行业如电力、冶金、焦化、建材等的生产成本绝对上涨,企业的利润也就随之减少。企业为了不减少利润必然采取措施降低煤炭使用量,这就迫使企业主动去寻找能够节约煤炭的更为先进的生产技术、生产工艺、生产方法等,同时煤炭价格的上涨还会带动以降低煤炭消费为目标的节能技术和新能源的开发和利用,这就是煤炭价格上涨带来的技术进步效应。因此,煤炭价格的上涨不但在一定程度上反映了煤炭资源的稀缺程度,更推动了企业进行技术创新。

3.3.2.2 煤炭价格变化的区域经济效应

产品价格的变动将会对生产者和消费者均带来一定的影响,煤炭价格的变化也同样对煤炭的生产地区以及使用煤炭的消费地区经济有一定的影响。首先,对煤炭生产地区的影响主要是销售收入的增加,也就是 GDP 的增长,价格的上涨能够拉动煤炭生产地区的经济。以我国的煤炭生产大省山西为例,2009 年全省共生产煤炭 61 535.00 万吨,2005 ~ 2009 年山西省原煤外调量如图 3.10 所示,由于受 2008 年金融危机影响,2009 年煤炭产量和外调量较 2008 年有所降低。如果排除金融危机影响,如图 3.11 随着煤炭外调量的增加山西的工业增加值也随之增长,煤炭行业对山西省的 GDP 的贡献明显加大。煤炭价格的上涨,促进山西地区经济的发展,带来城镇居民和农村居民可支配收入逐年增加,见图 3.12。煤炭对资源型城市也就是生产地区的经济拉动作用不容忽视,但是也存在一定的问题,由于过度依赖煤炭生产销售对于地方经济的支撑,当煤炭销售受挫其经济增长也将受到影响,山西省在 2008 年金融危机中的遭遇已充分证实了这一点,2009 年第一季度由于受金融危机的负面影响,煤炭需求和煤炭价格均呈下跌状态,山西省的 GDP 成为该季度全国唯一负增长的省份。这也给煤炭资源型经济区域敲响了警钟,煤炭资源是这些地区经济发展的主要动力,煤炭消费的变化对该地区经济的影响远远超过其他非资源型区域经济,因此为了保证资源型城市的稳健发展,发展其他相关行业也应引起资源型城市的足够重视。

煤炭价格变化除了对煤炭生产地区经济有影响,其还对煤炭消费地区经济产生影响。根据经济学理论,当影响产品需求的其他因素不变的情况下,若产品价格上涨,则对产品的需求量减少。而在短期内,无论是工业生产用煤还是生活生产用煤,都较难找到替代产品,因此煤炭价格不断上调,给下游企业生产及城乡居民的生活将带来了一定的压力。

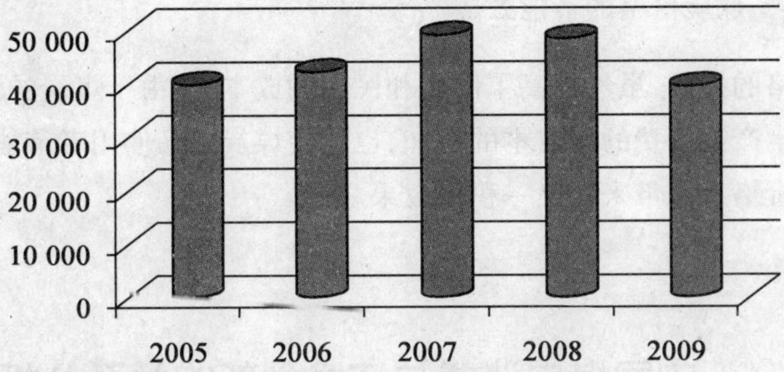

图3.10　山西省2005～2009年原煤外调量（万吨）

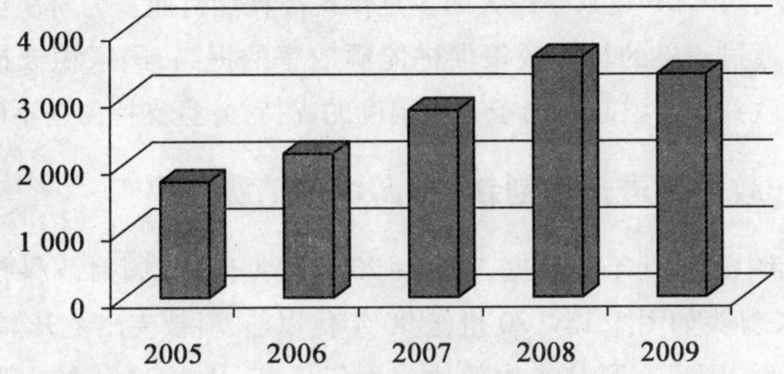

图3.11　山西省2005～2009年工业增加值(亿元)

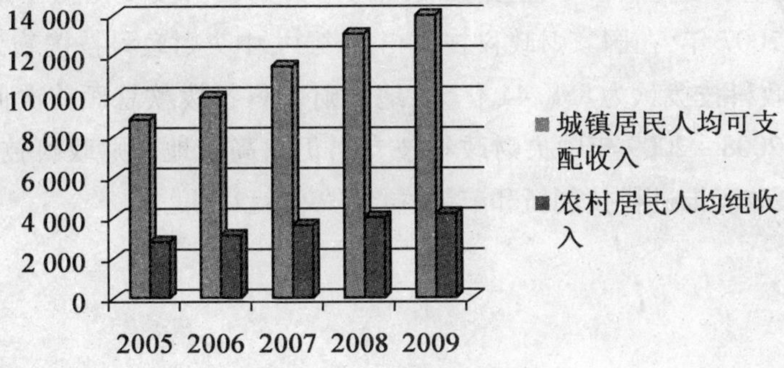

图3.12　山西省2005～2009年城乡居民家庭人均收入（元）

3.3.2.3 煤炭价格的节能效应

煤炭价格的提高,虽然提高了商用和民用的成本,但由于煤炭的消费成本增加带来企业生产或消费的总成本的增加,也促使煤炭产品使用者节能意识增强,这也是煤炭价格上涨带来的又一积极效果之一。

3.4 中国煤炭消费与技术创新的关系分析

我国经济增长的主要动力来自工业,工业是我国 GDP 增长的支柱,而在我国工业组成中,对 GDP 贡献率较大的多是传统高耗能行业。为解决能源供应安全问题,我国通过积极的行政政策促进能源效率的提高,国家积极推动技术创新,从中央财政到地方财政也给予了大幅度的支持,并且支持力度不断加大。

3.4.1 政府推进技术创新,提高煤炭消费效率

根据各年中国统计年鉴数据,1954~2009 年期间,我国财政科技拨款总体保持高速增长势头如图 3.13。20 世纪 90 年代以前,科技支出上升幅度较缓慢,而 90 年代以后,国家对科技支出的比重逐年提高,从 1990 年的 153.9 亿元到 2009 年的 2 744.52 亿元,1990~2009 年我国科技支出年平均增长率达到 16.37%。

如图 3.14,2002~2009 年,国家财政支出中中央科学技术投入和地方科学技术比重发生了变化,2007 年之前,表现为中央财政科技支出低于地方财政科技支出,而 2007 年,在国家财政科技支出总额中,中央财政科技拨款为 924.6 亿元,地方财政科技拨款为 858.44 亿元,地方财政科技拨款总额首次低于中央财政,之后的 2008~2009 年中央财政科技支出仍然高于地方财政科技支出,这也反映出中央政府推进科技创新和节能降耗的决心和力度。

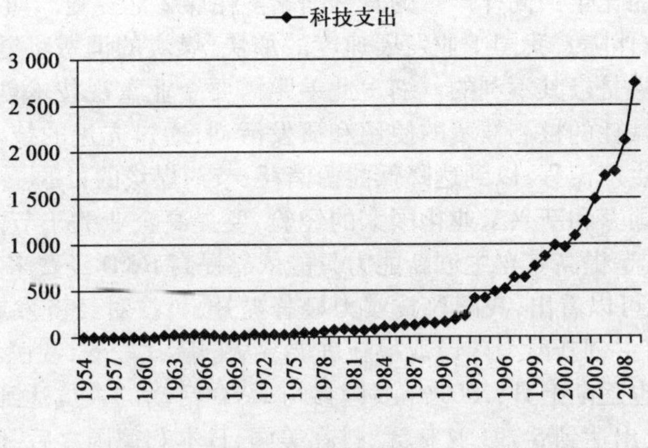

图 3.13　中国 1954 ~ 2009 年财政科技支出变化情况(亿元)

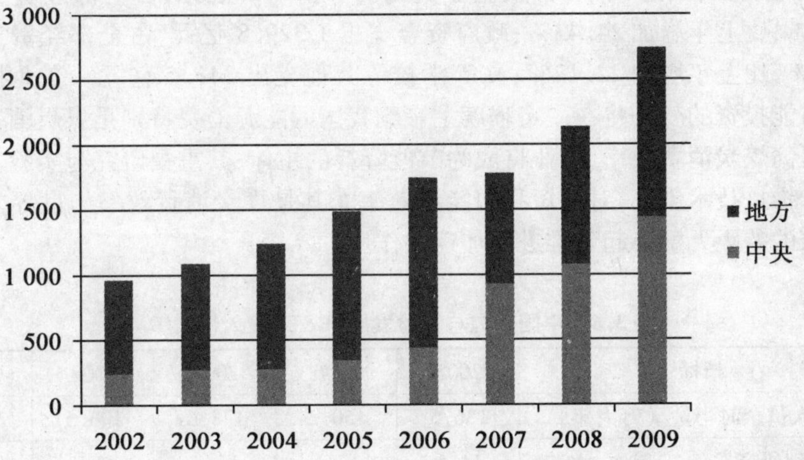

图 3.14　中国中央和地方财政科技支出比例变化情况（亿元）

3.4.2　企业技术创新地位增强,致力于降低煤炭消费

随着 20 世纪 90 年代经济全球化的发展,很多设备过时、能源利用效率低下的企业为了增加企业竞争力,非常关注通过改造设备、增加企业技术改造和节能降耗的研发投资,来减少成本,降低能源消耗。

我国煤炭利用效率与世界先进水平存在很大差距,尤其是在主要的高耗煤行业如火电、钢铁、水泥、石油加工、乙烯生产、合成氨生产等的每吨产品能耗均高于世界先进水平国家,这些高耗煤行业由于其煤炭消费效率低,每年将要使我国生产这些产品比生产同样产量的发达国家多耗煤2亿多吨。如果我国不缩短这个差距,那么伴随着我国工业发展速度的加快,煤炭的消费将继续增加,这对我国未来的发展是极其不利的。缩短此差距需要企业重视技术创新活动,尤其是要重视节能减耗的核心技术的使用和研发活动,通过先进的技术和设备来改造生产工艺和生产流程,以到达降低能源消耗、节约煤炭的目的。

借鉴发达国家和新兴工业化国家的经验,要提高企业关于节能降耗的技术创新能力,尤其是提高其自主创新能力只能依靠提高R&D经费来实现。从我国R&D投入情况可以看出,我国科技实力显著提升,科技对经济发展的促进作用进一步增强,自主创新能力建设取得新进展。从国际比较看,我国科技投入在世界各国的排位也逐渐上升,2009年我国参与R&D活动的人员达到229万人,全年R&D经费支出达到5 791.9亿元,排在美国、日本和德国之后,位居第四。

近年来,我国R&D活动的执行部门结构已发生显著的变化。2009年,我国的R&D经费支出总额中,各类企业支出为4 120.6亿元,占全部经费支出的71.14%,比上年增加24.43%;政府资金支出1 329.8亿元,占全部经费支出的22.96%,比上年增加22.12%;高等学校等其他支出341.5亿元。企业技术改造及节能投资的变动将在一定程度上影响我国的能源消费特别是煤炭消费。未来要提高煤炭消费效率,企业将成为节能降耗的主体,其重视研究与实验发展将有利于推进技术创新,对缩短我国能源效率尤其是煤炭消费效率与世界先进水平国家的差距无疑会起到推进和加速的作用。

表3.6　中国研究与试验发展(R&D)投入情况①

指标	2005	2006	2007	2008	2009
R&D人员全时当量/(万人年)	136.5	150.2	173.6	196.5	229.0
#基础研究	11.5	13.1	13.8	15.4	16.3
应用研究	29.7	30.0	28.6	28.9	31.5
试验发展	95.2	107.1	131.2	152.2	181.2
R&D经费内部支出/亿元	2 450.0	3 003.1	3 710.2	4 616.0	5 791.9
#基础研究	131.2	155.8	174.5	220.8	264.8

① 注:数据来源:《2010年中国统计年鉴》,2009年研究与试验发展(R&D)投入情况为第二次全国R&D资源清查初步汇总数据。

续表 3.6

指标	2005	2006	2007	2008	2009
应用研究	433.5	489.0	492.9	575.2	724.9
试验发展	1 885.2	2 358.4	3 042.8	3 820.0	4 802.2
#政府资金	645.4	742.1	913.5	1 088.9	1 329.8
企业资金	1 642.5	2 073.7	2 611.0	3 311.5	4 120.6
R&D 经费支出占 GDP 比重/%	1.32	1.39	1.40	1.47	1.70

从全国总体来看，煤炭科技创新也有可喜的成果，据初步统计，“十一五”期间全国煤炭科技投入总额 1 148.5 亿元，占总产值的 2.75%；大中型企业研究与试验发展（R&D）经费投入约 380 亿元，完成国家 863 计划、973 计划、科技支撑计划和重大专项等科研项目 60 余项，重点科研课题 360 余项；实施国家科技大型示范工程项目 13 个，重点课题近 300 项；突破了一批关键技术，攻破了一批制约煤机装备制造难题，如重点研发煤炭资源高效采选关键技术，煤炭洗选、清洁转化、煤炭气化与低碳利用技术不断取得突破，在煤间接法合成油、煤制乙二醇、甲醇制烯烃、煤的循环流化床燃烧、灰熔聚气化技术等多项核心单元技术上实现了集群突破，形成了一批有自主知识产权的产业化技术，并成功完成了工业示范项目，全国原煤入选率接近 50%，水煤浆专用锅炉研制取得突破，褐煤干燥与提质技术研发进入示范阶段，此外在煤炭高效洁净燃烧、污染排放控制与废弃物处理等方面也取得重大突破，有力地推进了煤炭科技进步，煤炭生产力总体水平大幅提高，2010 年全国大中型煤炭企业科技贡献率达到 39.2%。

然而，如图 3.15，对比世界发达国家研究与试验发展经费与国内生产总值的比重，我国与世界发达国家仍有一定的差距，远远低于发达国家的研究与试验的投入水平。根据 2010 年中国科技统计年鉴数据计算，我国的能源产业伴随经济的发展逐步壮大，能源产业的企业个数占全国规模以上工业企业的 4.29%，但工业总产值占全部的 14.79%，主营业务收入占全部的 11.8%，利润总额占全部的 17.69%，从业人员占全部规模以上工业企业就业人数的 11.41%。能源产业不但是我国工业总产值构成的中坚力量，而且也是解决就业的重要行业，但是其反映科技活动、研究与试验发展的指标却并不理想，这对我国能源产业发展极为不利。从表 3.7 可以看出，除了石油和天然气开采业，我国 R&D 活动企业占该行业全部规模以上企业总数的比重均小于工业企业整体水平，而煤炭开采和洗选业是能源产业最低的，R&D 活动企业占该行业全部规模以上企业总数的 1.91%，这也说明我国煤炭开采和洗选业的科技研发投入太少，造成我国煤炭开采的质量和效益低下，带来严重的环境污染和资源浪费现象。而在新产品产值占工业总产值比重这一指标上，我国能源产业的各行业均小于工业企业整体水平，这也说明我国能源行业的新产品研发数量少，支撑能源行业工业总产值的依然是传统产品。在R&D项目经费占主营业务收入比重这一指标上，除了石油加工、炼焦及核燃料加工业近年来发展迅猛，其R&D项目经费支出相对较高，R&D项目经费占主营业务收入比重高于全国工业企业总体水平以外，其他能源行业尤其是电力、热力、燃气的生产和供应业以及煤炭开采和洗选业的比重过低。与国外同类能源企业相比，我国的能源企业研发投入强度也是比较低的，这和能源产业本身的特点有关，大型能源企业都具有垄断经营的特征，垄断性的资源可以确保超高的利润和营业收入，所以企业研发的积极性不高，有限的研发投入也显得微不足道。

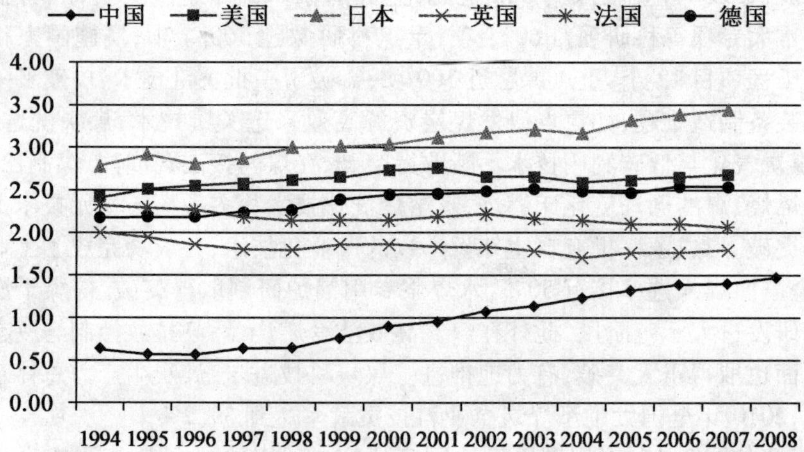

图3.15　世界各国研究与试验发展(R&D)经费占国内生产总值的比重

总之，科技进步和技术创新与煤炭消费关系密切，只有通过技术创新和产业升级才能使那些高耗煤行业逐渐降低单位产品能耗，只有通过技术创新才能开发出更环保的能源产品来拓宽能源供应渠道，技术创新手段是解决我国目前面临的煤炭供应紧张与经济发展压力的重要措施。然而虽然我国目前从国家到企业的科研投入有所增加，但是从上述分析也发现各个行业的科研投入经费支出并不均衡，造成行业间的技术创新能力有一定差距，这影响了我国整体节能减耗的速度和质量，因此未来不但要关注行业的经济增长，更要关注各行业R&D项目经费支出占其总支出比重的变化，时刻关注重点耗煤行业的节能减耗行动。同时，应加强对新能源的开发和使用，积极与国际技术合作。总之，在发展工业经济促进国家繁荣的同时，应立足于依靠技术创新发展经济，增强自主创新能力，促进高新技术产业发展，推动工业结构优化调整，改变工业生产的高耗能现状。

表 3.7　中国 2009 年能源产业规模以上工业企业主要科技活动指标

行业	R&D 活动企业占比	新产品产值占工业总产值比重	R&D 项目经费支出	R&D 项目经费占主营业务收入比重	R&D 项目人员占全部从业人员比重
煤炭开采和洗选业	1.91	4.77	781 008	0.445	1.37
石油和天然气开采业	15.79	0.24	388 562	0.496	2.98
石油加工、炼焦及核燃料加工业	7.62	2.89	274 014	2.932	1.69
电力热力的生产供应业	4.12	0.17	213 313	0.059	0.87
燃气的生产和供应业	2.21	0.08	1 699	0.009	0.15
规模以上工业企业整体	8.47	12.45	31 858 656	0.584	2.19

3.5　环境因素与煤炭消费的关系分析

改革开放以来，中国经济获得了较高的增长速度，取得的成就有目共睹，确定了中国在世界经济中的重要地位，但发展的同时中国也同样遇到了发达国家工业化进程中该阶段出现的种种问题，即经济的高速增长对能源的依赖所带来的资源利用效率较低、环境质量下降、环境健康损失不断增加等问题（世界银行，2010）。由于中国能源效率低，高耗能行业钢铁、建材、化工等行业的大量的资源消耗，造成了每年由于生产而产生大量的废弃物，如图 3.16 给出了我国主要污染物排放量变动情况，为更清晰显示各污染物排放量变动情况，其中化学需氧量排放量和二氧化硫排放量数据根据次坐标轴坐标显示，工业废水产生量和工业固体废弃物产生量由主坐标轴坐标显示，图示显示我国近十年除化学需氧量排放量比较稳定以外，其他三项污染物排放均呈现上升趋势，并且由于我国处理“三废”即废气、废水、固体废弃物的水平远远低于发达国家水平，造成我国环境退化成本和环境治理成本显著提高。

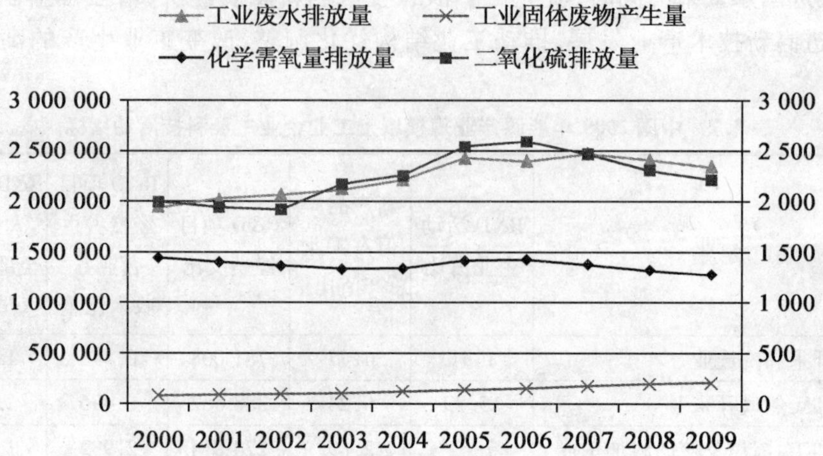

图 3.16　中国 2000～2009 年主要污染物排放总量(单位:万吨)

据《中国环境经济核算研究报告 2008(公众版)》数据核算,2008 年的中国生态环境退化成本达到 12 745.7 亿元,环境退化成本主要以环境污染成本为主,生态破坏损失成本为辅,二者分别占生态环境退化成本的 70.2% 和 29.8%,分别占 2008 年 GDP 的 2.808% 和 1.092%;环境治理成本达到 5 043.1 亿元,占当年 GDP 的 1.54%,环境退化成本和环境治理成本合计约占当年 GDP 的 5.44%。该数据和《中国环境经济核算报告 2004》的数据相比,2008 年环境退化成本较 2004 年增长了 74.8%,环境治理成本较 2004 年增长了 75.4%,报告显示环境污染成本 2008 年比 2007 年增加了 1 613.5 亿元,增长了 22.0%,增幅略高于 2007 年,值得关注的是该增长速度远远高于同期 GDP9% 的增长速度,这意味着伴随着中国经济的高速增长,其环境和生态日益恶化的同时,中国的经济发展模式也存在严重的问题,其发展模式不可持续。从国际视野和中国公众视野对中国环境的评价来看,对中国的环境情况评价不容乐观,在 2010 年世界环境绩效指数(EPI, Environmental Performance Index)的排名中,中国的排名靠后,在所有 163 个国家和地区中排在第 121 位,仅得到了 49 分,没有达到及格的程度,中国的环境情况不容乐观;中国公众对环境污染已经表现出极大的关注,据中国社会科学院的《2007 年全国公众环境意识调查报告》结果显示,除了关系民生的医疗、就业、收入差距等获得公众的关注度较高以外,环境污染是公众关注的又一大问题,这也反映了公众对中国环境污染的担忧。为了更好地建设社会主义国家,中国政府充分认识到中国经济发展方式存在的问题,提出了"和谐社会"和"科学发展观"的理念,把建设资源节约型和环境友好型社会作为一项基本国策，中国的经济走向和政策走向将面临经济增长和节能减排的权衡，作为中国能源消费结构中占据绝对优势比例的煤炭，由于其消费带来中国的环境负担，其消费将受到一定影响。

近年来，一些学者已经尝试将环境因素纳入到能源消费和能源效率、生产率的分析框架中对中国的经济进行实证研究。但本书由于时间和精力的限制，在后面的煤炭消费均衡分析和动态分析模型以及效率评价模型中未对环境因素加以考虑。

3.6　中国煤炭消费影响因素的长期均衡分析

通过以上分析，已分别对中国煤炭消费影响因素进行了初步分析，为了了解影响煤炭消费诸因素对中国煤炭消费的综合影响，对我国煤炭消费影响因素进行全面的实证分析，本书利用计量经济学的相关理论构建我国煤炭消费影响因素综合评价模型。首先，进行变量选择，被解释变量选择煤炭消费量，解释变量包括我国的实际 GDP 变量、煤炭价格、产业结构、技术创新四个方面的指标，其中我国的实际 GDP 变量，将各年名义 GDP 换算为以 1953 年不变价计算的实际 GDP；煤炭价格变量数据分为两部分计算，1953 ~ 1978 数据选用我国煤炭零售平均价格计算其环比指数，1979 ~ 2008 年数据为煤炭出厂价格指数，最后把 1953 ~ 2008 年煤炭环比指数统一折算为定基指数，1953 年的煤炭价格指数为 100；反映产业结构变化状况指标选取第二产业中工业产值比重来表示；反映技术创新水平的指标，选择国家技术创新方面的科技支出数据，其中 1978 ~ 2006 年数据为国家财政主要支出项目中的挖潜改造资金和科技三项费用，2007，2008 年数据为科学技术支出。模型中各变量均采用对数形式，建立模型用以分析各影响因素与煤炭消费间的弹性效应，煤炭消费变动的多变量协整模型的具体形式如下：

$$LECOAL = c + \alpha LY_t + \beta LP_t + \gamma LS2_t + \varphi LRD_t + \varepsilon_t \tag{3.15}$$

式中　$ECOAL$——煤炭消费量；

c——常数项；

Y——实际 GDP 水平；

P——煤炭价格；

$S2$——第二产业中工业所占比重；

RD——科学技术支出；

ε——随机扰动项，变量前加字母 L 表示对该变量取自然对数，系数 $\alpha,\beta,\gamma,\varphi$ 分别为各解释变量与我国煤炭消费之间的平均弹性系数，分别反映我国煤炭消费总量对各解释变量变动的敏感程度。

3.6.1 变量的单位根检验

由图 3.17 可以看出，各序列具有大致相同的增长和变化趋势，说明各序列可能存在协整关系。因此，在进行协整分析之前，首先对 *LECOAL*，*LY*，*LP*，*LS*2，*LRD* 进行单位根检验，判别序列是否平稳。单位根检验的方法有多种，本书采用 ADF 单位根检验的方法判断检验序列是否平稳，滞后阶数的确定基于 SIC 准则，常数项和趋势项的选择根据以下原则，若原序列可明显判定其均值不为 0，则可选择添加常数项，若原序列有明显随时间变化而变化的趋势，则可选择添加趋势项。

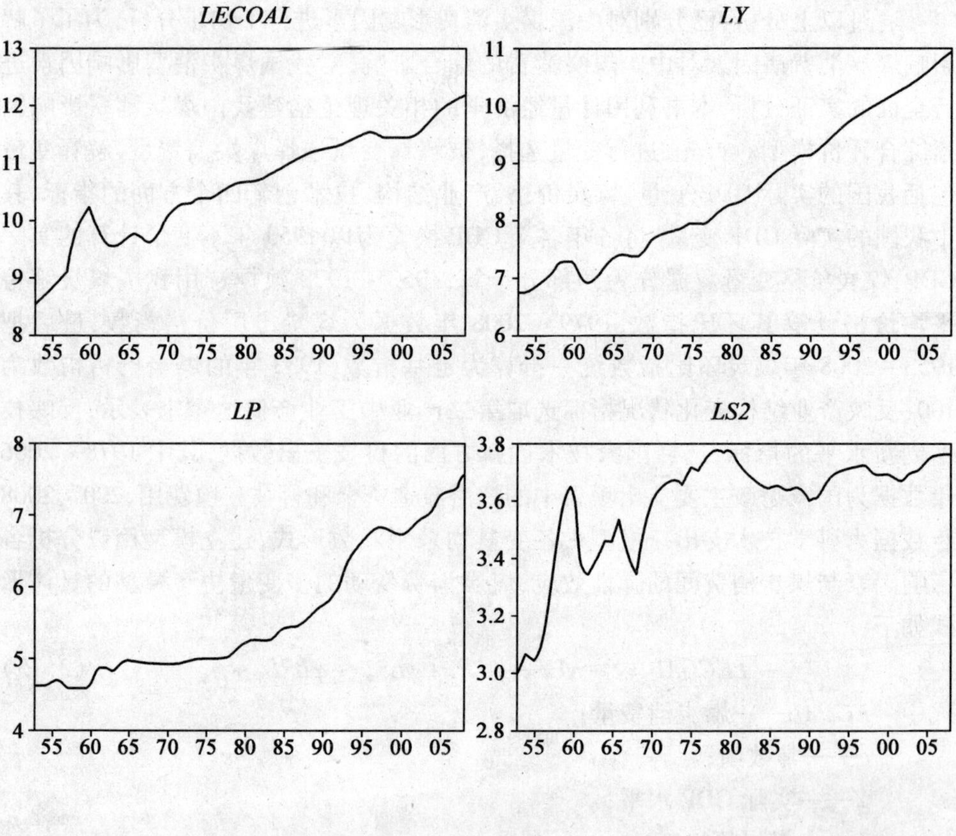

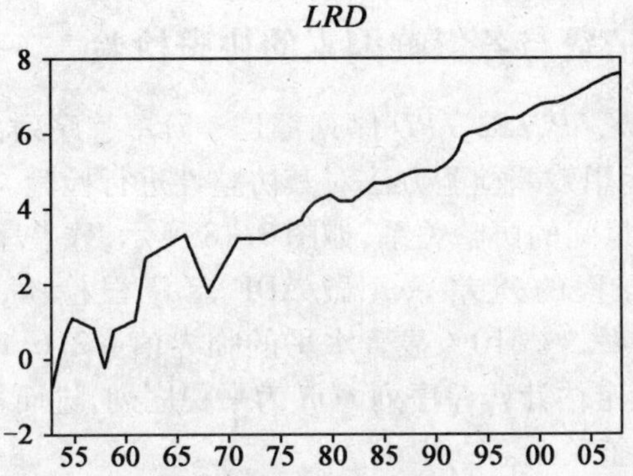

图 3.17　1953 ~ 2008 年煤炭消费影响各因素的对数动态曲线图

由表 3.8 可知,*LECOAL*,*LY*,*LP*,*LS*2,*LRD* 的 ADF 检验值大于在 1%、5% 和 10% 各水平下的临界值,接受有单位根的假设,各序列不平稳。对各序列进行一次差分后,得到的一次差分序列见表 3.9,*LECOAL*,*LY*,*LP*,*LS*2,*LRD* 的一阶差分的 ADF 检验值小于在 1%,5% 和 10% 各水平的临界值,即 *LECOAL*,*LY*,*LP*,*LS*2,*LRD* 序列的一阶差分序列平稳。所以可以判定 *LECOAL*,*LY*,*LP*,*LS*2,*LRD* 序列都是非平稳序列,而一阶差分序列均平稳,所以 *LECOAL*,*LY*,*LP*,*LS*2,*LRD* 序列都是一阶单整序列,即 $LECOAL \sim I(1)$,$LY \sim I(1)$,$LP \sim I(1)$,$LS2 \sim I(1)$,$LRD \sim I(1)$满足协整检验前提。

表 3.8　煤炭消费影响因素原始序列 ADF 单位根检验结果

序列	*LY*	*LECOAL*	*LP*	*LS*2	*LRD*
ADF 检验 t 统计量值	-1.732 327	-1.429 670	-0.743 153	-3.024 996	-0.722 200
1%　level	-4.140 858	-3.560 019	-4.137 279	-4.133 838	-3.555 023
5%　level	-3.496 960	-2.917 650	-3.495 295	-3.493 692	-2.915 522
10%　level	-3.177 579	-2.596 689	-3.176 618	-3.175 693	-2.595 565
结论	非平稳	非平稳	非平稳	非平稳	非平稳

表 3.9　煤炭消费影响因素序列一次差分 ADF 单位根检验结果

序列	D(*LY*)	D(*LECOAL*)	D(*LP*)	D(*LS*2)	D(*LRD*)
ADF 值	-5.893 008 * *	-4.111 812 * *	-3.006 324 * *	-5.100 730 * *	-6.862 111 * *
1%　level	-4.140 858	-2.608 490	-2.608 490	-2.608 490	-2.608 490
5%　level	-3.496 960	-1.946 996	-1.946 996	-1.946 996	-1.946 996
10%　level	-3.177 579	-1.612 934	-1.612 934	-1.612 934	-1.612 934
结论	平稳	平稳	平稳	平稳	平稳

注:* 表示检验值在水平 5% 上统计显著。

* * 表示检验值在水平 1% 上统计显著。

3.6.2 煤炭消费与各影响因素的协整检验

因为 *LECOAL*,*LY*,*LP*,*LS2*,*LRD* 序列都是一阶单整序列,所以可以进一步检验其协整性。首先运用残差检验方法对其协整性进行检验。对模型的残差序列进行分析,以判断变量间的协整关系,如图 3.18 所示,残差序列初步判断为平稳序列,对上述回归方程的残差 ecm 做 ADF 单位根检验,其检验 ADF 值为 -4.620 121,小于 1%,5%,10% 显著水平的临界值 -2.611 094, -1.947 381, -1.612 725,则可断定估计残差序列 ecm 为平稳序列,进而得到 *LECOAL* 与 *LY*,*LP*,*LS2*,*LRD* 具有协整关系。

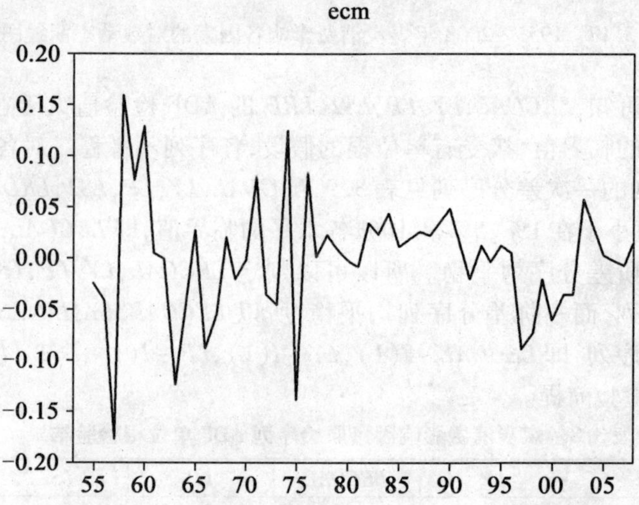

图 3.18 煤炭消费影响因素回归模型的残差图

其次,运用 Johansen 协整检验方法对上述 5 个变量进行协整检验。如表 3.10所示,给出的 5 个变量之间存在协整关系。和残差 ADF 检验法结论一致,因此,得出结论:5 个变量间存在协整关系。

表 3.10 煤炭消费影响因素序列协整检验的结果

原假设	特征根	迹统计量	迹统计量 5% 临界值	最大特征根统计量	最大特征根统计量 5% 临界值
0 个协整向量	0.605 687	100.895 7 *	69.818 89	48.391 75 *	33.876 87
至少 1 个协整向量	0.370 736	42.503 99	47.856 13	24.086 62	27.584 34
至少 2 个协整向量	0.283 829	28.417 37	29.797 07	17.359 46	21.131 62

续表 3.10

原假设	特征根	迹统计量	迹统计量 5% 临界值	最大特征根统计量	最大特征根统计量 5% 临界值
至少 3 个协整向量	0.189 507	11.057 91	15.494 71	10.925 88	14.264 60
至少 4 个协整向量	0.002 536	0.132 032	3.841 466	0.132 032	3.841 466

* 表示在 5% 的显著性水平下拒绝原假设。

利用 OLS 进行回归，为消除向量自相关性，加入 AR(1)，AR(2)项，与 *LECOAL*，*LY*，*LP*，*LS*2，*LRD* 进行回归，得到的回归方程为：

$$L\widehat{ECOAL}=2.071\ 763+0.722\ 275LY_t-0.040\ 78LP_t+0.836\ 258LS2_t-0.082\ 284LRD_t \quad (3.16)$$

$$t=(3.067\ 733)\ (6.187\ 268)\ (-0.335\ 905)\ (4.208\ 925)\ (-3.169\ 756)$$

$$R^2=0.994\ 861\ ,\overline{R^2}=0.994\ 205,\quad DW=2.092\ 399,\quad F=1\ 516.344$$

(1)回归方程的标准误差的评价：S. E = 0.065 355，说明回归方程与各观测点(或估计值与观测值)的平均误差为 0.065 355。

(2)模型的拟合优度检验：$\overline{R^2}=0.994\ 205$，说明回归方程即上述回归函数对样本函数的解释能力达到近似 100%，即经济增长、煤炭价格、工业比重、科学技术支出能对煤炭消费变动的 99.42% 做出解释。回归方程的拟合优度效果好，从残差图 3.18 也可明显看出。

(3)回归模型的总体显著性检验：从全部因素的总体影响看，在 5% 显著水平下，$F=1\ 516.344>F_\alpha(k,n-k-1)=F_{0.05}(5,50)\approx 2.45$，说明经济增长、煤炭价格、工业比重、科学技术支出对煤炭消费的共同影响是显著的。从 Prob(F - statistic)为 0 也可以明显看出。

(4)单个回归系数的显著性检验：从单个因素的影响看，在 5% 的显著性水平上，$|t(\hat{\alpha})|=6.187\ 268>t_{0.025}(50)\approx 2.01$，说明经济增长对煤炭消费的影响是显著的，这和 3.1 中对煤炭消费与经济增长关系协整分析的结论一致。$|t(\hat{\gamma})|=4.208\ 925>t_{0.025}(50)\approx 2.01$，说明工业在第二产业中的比重对煤炭消费的影响是显著的。$|t(\hat{\varphi})|=3.169\ 756>t_{0.025}(50)\approx 2.01$，说明科学技术支出对煤炭消费的影响是显著的。$|t(\hat{\beta})|=0.335\ 905<t_{0.025}(50)\approx 2.01$，说明煤炭价格对煤炭消费的影响是不显著的。

3.6.3　煤炭消费长期影响因素模型的经济意义分析

(1)由回归系数估计值 $\hat{\alpha}=0.722\ 275>0$，$\hat{\gamma}=0.836\ 258>0$，得出经济增长

及工业比重对煤炭消费有显著的正向影响作用，协整方程（3.16）表明，我国的煤炭消费（*LECOAL*）与我国的实际 GDP（*LY*）、第二产业中工业比重（*LS*2）之间存在显著的相关关系，这表明我国经济增长水平及产业结构的变化将显著影响我国的煤炭消费。并且从方程（3.16）中变量系数的估计值可以看出，我国实际 GDP 和工业比重的增加对煤炭消费具有明显的拉动作用。具体来看，当其他条件不变时，当 GDP 增加一个百分点，煤炭消费将增加 0.722 275%，工业所占比重增加一个百分点，煤炭消费将增加 0.836 258%。相比之下我国产业结构中工业所占比重的变动对我国煤炭消费的影响较大，工业比重的上升将带来煤炭消费的较大幅度的增长。因此，为降低煤炭消耗，从经济发展的角度来看，可以通过降低工业比重得以实现。近年来随着我国产业结构调整步伐的加快，三次产业中第三产业得到了快速的发展，这在一定程度上同样有助于我国煤炭消费的降低。

（2）由回归系数估计值$\hat{\beta} = -0.040\ 78 < 0$，$\hat{\varphi} = -0.082\ 284 < 0$，得出煤炭价格、科学技术支出对煤炭消费有反方向影响作用。从方程（3.16）中变量系数的估计值可以看出，煤炭价格对煤炭消费影响不显著，而科学技术支出对煤炭消费的反方向影响作用显著。具体来看，当其他条件不变时，煤炭价格增加一个百分点，煤炭消费将减少 0.040 78%，科学技术支出增加一个百分点，煤炭消费将减少 0.082 284%。从上面各系数可以看出，煤炭价格对煤炭消费的反方向影响最小，这与我国煤炭价格市场化背景有关，随着我国煤炭价格体制改革的逐步深入，我国煤炭价格的市场调节比重逐步加大，煤炭价格的变动对煤炭消费的影响程度将逐渐加大。近年来国家加大科学技术研发投入，从技术的角度降低各行业对煤炭的消费，其在煤炭消费影响中的作用也将日渐明显。

3.7 中国煤炭消费与其影响因素动态关系分析

3.7.1 研究方法及模型介绍

3.7.1.1 向量自回归模型

向量自回归模型（VAR）是把评价对象的内生变量的滞后值与外生变量一起作为解释变量来构造函数模型，也就是说外生变量和内生变量滞后值共同来解释内生变量本身。该模型将简单的一元回归模型变为多元时间序列组成的多元回归模型，该模型最早是在 1980 年由西姆斯（C. A. Sims）应用到经济学中，随后得到了推广使用。向量自回归模型是处理多变量经济分析常用的模型之一。

$VAR(P)$的一般形式为：

$$Y_t = \boldsymbol{A}_1 y_{t-1} + \boldsymbol{A}_2 y_{t-2} + \cdots + \boldsymbol{A}_p y_{t-p} + \boldsymbol{B} x_t + \boldsymbol{\varepsilon}_t \quad t = 1, 2, \cdots, T \tag{3.17}$$

在公式(3.17)中，$k \times k$ 维矩阵 $\boldsymbol{A}_1 \cdots \boldsymbol{A}_p$，$k \times d$ 维矩阵 $\boldsymbol{B}$ 是要被估计的系数矩阵，y_t 代表 k 维内生变量，x_t 代表 d 维外生变量，p 代表是内生变量的滞后阶数，T 是样本个数。$\boldsymbol{\varepsilon}_t$ 是 k 维扰动向量，假设 $\sum$ 是 $\boldsymbol{\varepsilon}_t$ 的协方差矩阵，则该矩阵是一个 $k \times k$ 的正定矩阵。则把式(3.17)用矩阵来表示为：

$$\begin{bmatrix} y_{1t} \\ y_{2t} \\ \vdots \\ y_{kt} \end{bmatrix} = \boldsymbol{A}_1 \begin{bmatrix} y_{1t-1} \\ y_{2t-1} \\ \vdots \\ y_{kt-1} \end{bmatrix} + \boldsymbol{A}_2 \begin{bmatrix} y_{1t-2} \\ y_{2t-2} \\ \vdots \\ y_{kt-2} \end{bmatrix} + \cdots + \boldsymbol{B} \begin{bmatrix} x_{1t} \\ x_{2t} \\ \vdots \\ x_{dt} \end{bmatrix} + \begin{bmatrix} \varepsilon_{1t} \\ \varepsilon_{2t} \\ \vdots \\ \varepsilon_{kt} \end{bmatrix}, t = 1, 2 \cdots, T \tag{3.18}$$

向量自回归的 VAR(P)模型若含有 k 的时间序列组成，则其由 k 个方程组成，具体简化的方程式(3.18)变换为：

$$\tilde{y}_t = \boldsymbol{A}_1 \tilde{y}_{t-1} + \boldsymbol{A}_2 \tilde{y}_{t-2} + \cdots + \boldsymbol{A}_p \tilde{y}_{t-p} + \tilde{\varepsilon}_t \tag{3.19}$$

式中 $\tilde{y}_t$ 是 y_t 基于外生变量 x_t 回归模型的残差，式(3.19)可以进一步简写为：

$$\boldsymbol{A}(L) \tilde{y}_t = \tilde{\varepsilon}_t \tag{3.20}$$

其中 $\boldsymbol{A}(L) = I_k - A_1 L - A_2 L^2 - \cdots - A_p L^p$ 是滞后算子 L 的 $k \times k$ 的参数矩阵。通常把式(3.20)称为非限制性向量自回归模型。

一般的 VAR 模型都是不含外生变量的非限制性向量自回归模型，用下式表示：

$$Y_t = A_1 y_{t-1} + A_2 y_{t-2} + \cdots + A_p y_{t-p} + \varepsilon_t \quad 或 \quad A(L) y_t = \varepsilon_t \tag{3.21}$$

若行列式 $\det[A(L)]$ 的根都在单位圆外，则式(3.21)满足可逆条件，可以将其表示为无穷阶的向量动平均($VMA(\infty)$)形式：

$$y_t = C(L) \varepsilon_t \tag{3.22}$$

其中 $C(L) = A(L)^{-1}$，$C(L) = C_0 + C_1 L + C_2 L^2 + \cdots, C_0 = I_k$

对 VAR 模型的估计可以用最小二乘法来进行，若对 $\sum$ 矩阵不施加限制性条件，由最小二乘法可得 $\sum$ 矩阵的估计量为：

$$\hat{\sum} = \frac{1}{T} \sum \hat{\varepsilon}_t \hat{\varepsilon}_t' \tag{3.23}$$

其中，$\hat{\varepsilon}_t = y_t - \hat{A}_1 y_{t-1} - \hat{A}_2 y_{t-2} - \cdots - \hat{A}_p y_{t-p}$。当 VAR 模型的参数估计出来之后，由于 $A(L) C(L) = I_k$，所以也可以得到 VMA(∞)模型的参数估计。

用普通最小二乘法估计 VAR 简化模型的参数，即便是扰动向量 $\boldsymbol{\varepsilon}_t$ 有同期相关，估计的参数仍是有效的，最小二乘法同样适用。

3.7.1.2 脉冲响应函数

由于 VAR 模型不能分析一个变量的变化对另外一个变量变化的影响,因此为刻画 VAR 模型中某个变量的变化对模型本身的冲击,脉冲响应函数应运而生。脉冲响应函数可以用来衡量随机扰动项的一个标准差冲击对内生变量取值的影响,并观察影响周期和影响程度。

下面利用 VAR(2)模型来阐述脉冲响应函数的基本理论:

$$\begin{cases} x_t = a_1 x_{t-1} + a_2 x_{t-2} + b_1 z_{t-1} + b_2 z_{t-2} + \varepsilon_{1t} \\ z_t = c_1 x_{t-1} + c_2 x_{t-2} + d_1 z_{t-1} + d_2 z_{t-2} + \varepsilon_{2t} \end{cases} \quad t = 1, 2, \cdots, T \tag{3.24}$$

其中 $a_i, b_i, c_i, d_i (i = 1, 2)$ 是参数,扰动项为 $\varepsilon_t = (\varepsilon_{1t}, \varepsilon_{2t})'$,其统计性质为:

$$E(\varepsilon_{it}) = 0 \quad 对于 \forall t \quad i = 1, 2$$

$$\text{var}(\varepsilon_i) = E(\varepsilon_i, \varepsilon'_i) = \sum = \{\sigma_{ij}\}, 对于 \ \forall t$$

$$E(\varepsilon_{it}, \varepsilon_{is}) = 0, 对于 \forall t \neq s \quad i = 1, 2 \tag{3.25}$$

假设活动时期从 0 期开始,且设 $x_{t-1} = x_{t-2} = z_{t-1} = z_{t-2} = 0$,扰动项 $\varepsilon_{10} = 1$,$\varepsilon_{20} = 0, \varepsilon_{1t=} \varepsilon_{2t} = 0 (t = 1, 2, \cdots)$,即从第 0 期给 x 以脉冲,看 x_t 与 z_t 对该脉冲的响应,$t = 0$ 时:

$$x_0 = 1, z_0 = 0$$

代入式(3.24),$t = 1$ 时:

$$x_1 = a_1, z_1 = c_1$$

代入式(3.24),$t = 2$ 时:

$$x_2 = a_1^2 + a_2 + b_1 c_1, z_2 = c_1 a_1 + c_2 + d_1 c_1$$

继续计算 $x_0, x_1, x_2, x_3, \cdots$

称为由 x 的脉冲引起的 x 的响应函数。

同理得 $z_0, z_1, z_2, z_3, \cdots$

则称为由 x 的脉冲引起的 z 的响应函数。

同理,可以计算由 z 的脉冲引起的 x 的响应函数和 z 的响应函数。

若将上述计算过程推广到多变量的 VAR(P)模型上去,由式(3.21)可得:

$$y_t = (I_k - A_1 L - \cdots - A_P L^P)^{-1} \varepsilon_t = (I_k + C_1 L + C_2 L^2 + \cdots) \varepsilon_t \quad t = 1, 2, \cdots, T \tag{3.26}$$

VMA(∞)表达式的系数可按下面的方式给出,由于 VAR 的系数矩阵 $\boldsymbol{A}_i$ 和 VMA 的系数矩阵 $\boldsymbol{C}_i$ 必须满足

$$(I - A_1 L - \cdots - A_P L^P)(I_k + C_1 L + C_2 L^2 + \cdots) = I_k \tag{3.27}$$

$$I_k + \psi_1 L + \psi_2 L^2 + \cdots = I_k \tag{3.28}$$

其中,$\psi_1 = \psi_2 = \cdots = 0$。关于 ψ_p 的条件递归定义 VMA 系数:

$$
\begin{aligned}
C_1 &= A_1 \\
C_2 &= A_1 C_1 + A_2 \qquad\qquad\qquad q = 1, 2, \cdots \\
&\vdots \\
C_q &= A_1 C_{q-1} + A_2 C_{q-2} + \cdots + A_p C_{q-p}
\end{aligned}
\tag{3.29}
$$

若 $q-p=0$，令 $C_{q-p}=I_k$。

若 $q-p<0$，令 $C_{q-p}=O_k$。

考虑 VMA(∞)的表达式为：

$$y_t = (I_k + C_1 L + C_2 L^2 + \cdots)\varepsilon_t, t = 1, 2, \cdots, T \tag{3.30}$$

y_t 的第 i 个变量 y_{it} 可以写成：

$$y_{it} = \sum_{j=1}^{k} (C_{ij}^{(0)} \varepsilon_{jt} + C_{ij}^{(1)} \varepsilon_{jt-1} + C_{ij}^{(2)} \varepsilon_{jt-2} + C_{ij}^{(3)} \varepsilon_{jt-3} + \cdots), t = 1, 2, \cdots, T \tag{3.31}$$

其中 k 是变量个数。

仅考虑两个变量的情形：$C^q = (C_{ij}^{(q)}), q = 1, 2, 3, \cdots, i, j = 1, 2$

$$\begin{pmatrix} y_{1t} \\ y_{2t} \end{pmatrix} = \begin{pmatrix} C_{11}^{(0)} & C_{12}^{(0)} \\ C_{21}^{(0)} & C_{22}^{(0)} \end{pmatrix} \begin{pmatrix} \varepsilon_{1t} \\ \varepsilon_{2t} \end{pmatrix} + \begin{pmatrix} C_{11}^{(1)} & C_{12}^{(1)} \\ C_{21}^{(1)} & C_{22}^{(1)} \end{pmatrix} \begin{pmatrix} \varepsilon_{1t-1} \\ \varepsilon_{2t-1} \end{pmatrix} + \begin{pmatrix} C_{11}^{(2)} & C_{12}^{(2)} \\ C_{21}^{(2)} & C_{22}^{(2)} \end{pmatrix} \begin{pmatrix} \varepsilon_{1t-2} \\ \varepsilon_{2t-2} \end{pmatrix} + \cdots \tag{3.32}$$

现在假定在基期给 y_1 一个单位的脉冲，即：

$$\varepsilon_{1t} = \begin{cases} 1, t = 0 \\ 0, \text{其他} \end{cases}$$

$$\varepsilon_{2t} = 0, 1, 2, \cdots,$$

则由 y_1 的脉冲引起的 y_2 的响应函数为：

$$\begin{cases} t = 0, y_{20} = C_{21}^{(0)} \\ t = 1, y_{21} = C_{21}^{(1)} \\ t = 2, y_{22} = C_{21}^{(2)} \\ \vdots \end{cases}$$

因此，由 y_j 的脉冲引起的 y_i 的响应函数可以求出如下：

$$C_{ij}^{(0)}, C_{ij}^{(1)}, C_{ij}^{(2)}, C_{ij}^{(3)}, C_{ij}^{(4)}, \cdots$$

且由 y_j 的脉冲引起的 y_i 的累积响应函数可表示为 $\sum_{q=0}^{\infty} C_{ij}^{(q)}$。

C_q 的第 i 行第 j 列元素可以表示为：

$$C_{ij}^{(q)} = \frac{\partial y_{i,t+q}}{\partial \varepsilon_{j,t}} \quad q = 0, 1, \cdots, t = 1, 2, \cdots, T \tag{3.33}$$

作为 q 的函数，它描述了在时期 t，其他变量和早期变量不变的情况下 $y_{i,t+q}$

对 $y_{j,t}$ 的一个冲击的反应，把它称作脉冲响应函数。也可以用矩阵的形式表示为：

$$C_q = \frac{\partial y_{t+q}}{\partial \varepsilon'_t} \tag{3.34}$$

即 C_q 的第 i 行第 j 列元素等于时期 t 第 j 个变量的扰动项增加一个单位，而其他时期的扰动为常数时，对时期 $t+q$ 的第 i 个变量值的影响。

3.7.2　煤炭消费与其影响因素脉冲响应分析

已验证煤炭消费与各影响因素之间存在长期均衡关系，通过建立脉冲响应函数，考察各影响因素变动对煤炭消费的影响作用，并利用脉冲响应函数图刻画这些影响的轨迹，显示各变量的扰动是如何通过模型影响其他变量的。首先，建立5变量的VAR(3)模型，在VAR模型基础上，分别给各影响因素一个正的单位大小的冲击，得到关于煤炭消费的脉冲响应函数图。图3.19，3.20，3.21，3.22为脉冲响应图，横轴表示冲击作用的滞后期数（单位：年），纵轴表示煤炭消费量（单位万吨标准煤），实线表示脉冲响应函数，表示煤炭消费受各影响因素冲击所做出的反应，即各个时点上我国煤炭消费对各解释变量变动的敏感程度，虚线表示正负两倍标准差偏离带。脉冲响应函数采用渐近解析方法计算标准误，脉冲函数追踪时期数为36年。

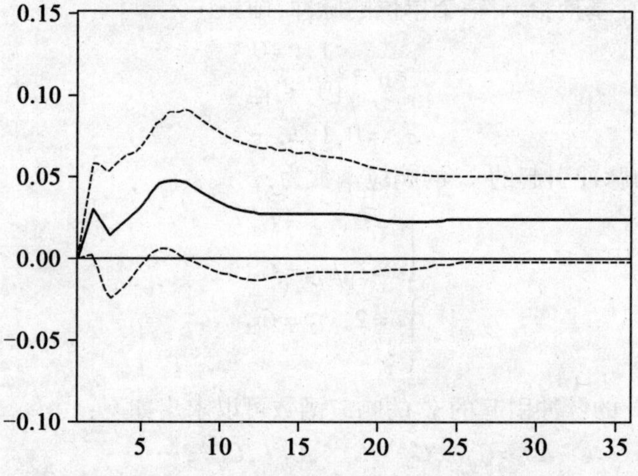

图3.19　中国经济增长变动引起煤炭消费响应

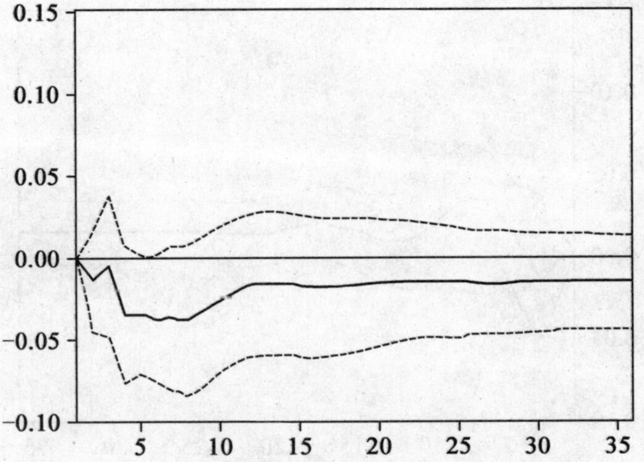

图3.20　中国煤炭价格变动引起煤炭消费的响应

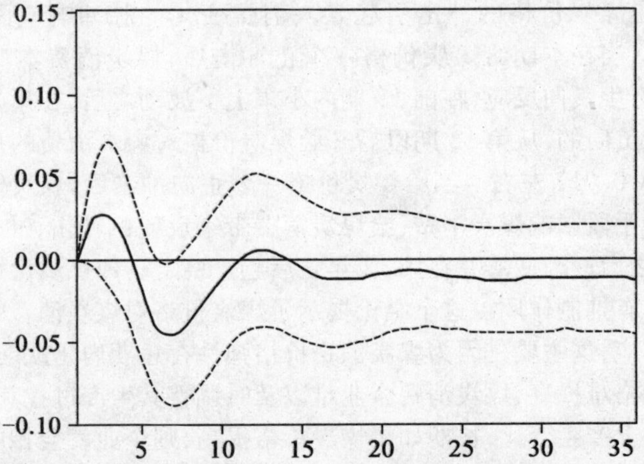

图3.21　中国工业比重变动引起煤炭消费响应

图3.19是经济增长的冲击引起的煤炭消费变化的脉冲响应函数图。从图3.19中可以看出,当在本期给经济增长一个正冲击后,煤炭消费在本期没有响应而是滞后一期,随后煤炭消费产生正响应,在第7期达到最大0.047 112,且为正向的。从第20期开始煤炭消费对经济增长的扰动响应较为稳定,响应在0.023左右。当外界促使经济实现增长后,经济增长效果经市场传递给煤炭行业,给煤炭消费带来同向的冲击,冲击效应在第7年达到最大,之后逐渐回落并在第20年之后趋于稳定。即经济增长的正向冲击对煤炭消费有显著的促进作用,该结论与煤炭消费长期均衡的趋势分析一致,说明其经济增长对煤炭消费的滞后效应依然是正向的,且持续效应较长。

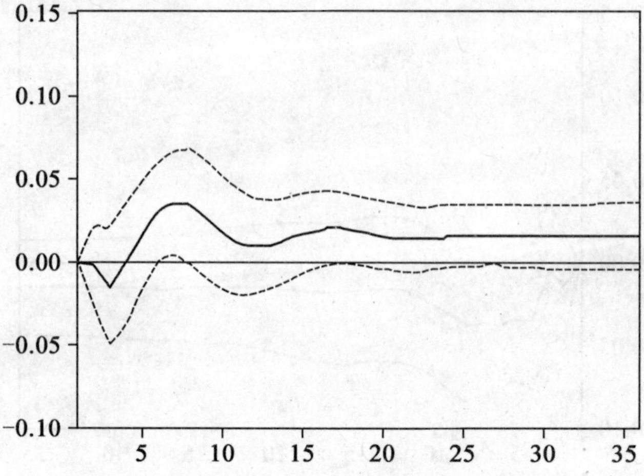

图 3.22　中国科技支出变动引起煤炭消费响应

图 3.20 是煤炭价格的冲击引起煤炭消费变化的脉冲响应函数图。从图 3.20可以看出,当在本期给煤炭价格一个正冲击后,煤炭消费本期依然没有响应,在第 2 期产生负向反应,在前 11 期内小幅上下波动之后,在第 8 期达到最大 -0.038,且为负向的,从第 12 期以后开始煤炭价格对煤炭消费的扰动响应较为稳定,响应在 -0.017 左右。当给煤炭价格一个正向冲击后,煤炭价格将作为市场调节需求的手段影响煤炭消费,给煤炭消费带来反向的冲击,冲击效应在第 8 年达到最大,之后逐渐回落并在第 12 年之后趋于稳定。即煤炭价格的正向冲击对煤炭消费具有抑制作用。这个结论揭示了煤炭价格对煤炭消费的冲击作用同样具有滞后效应,这主要是因为煤炭消费价格弹性在短期内是缺乏弹性的,即在短期内煤炭价格难提高,煤炭消费企业难以及时调整其生产过程和生产工艺,煤炭消费不会马上产生变化,长期如果煤炭价格提高,则企业就会相应调整其能源消费种类和生产技术以降低成本。从煤炭消费对煤炭价格的响应滞后效应来看,其滞后效应相对较长。煤炭价格的正向冲击对煤炭消费的影响是负向的且持续效应较长,该结论与煤炭消费长期均衡的趋势分析一致。

图 3.21 是工业比重的变动引起煤炭消费变化的脉冲响应函数图。从图 3.21可以看出,当在本期给工业比重一个正冲击后,煤炭消费本期没有响应,第 2 期煤炭消费有正向响应,在第 5 期煤炭消费出现负向响应。经历正负响应波动后,在第 17 期后影响趋于稳定且影响较小。工业比重增加,在短期内促进煤炭消费增长,且增长趋势明显。但其正向响应在经过一段时间后转为负向响应,且影响逐渐降低。主要因为工业比重的调整是不断进行的,其影响煤炭消费的量也在近期表现明显,随着工业化进程的推进,工业经济增长方式的转变将使工业煤炭消费降低,因此在远期工业比重变动对煤炭消费的影响随着产业结构调

整逐渐减小。该结论说明工业比重的正向冲击对煤炭消费的影响存在正向滞后效应但持续效应不长,其滞后响应与煤炭消费长期均衡的趋势分析基本一致。

图 3.22 是科学技术支出的冲击引起煤炭消费变化的脉冲响应函数图。从图 3.22 可以看出,当在本期给科学技术支出一个正冲击后,煤炭消费本期依然没有响应,在第 2 期之后产生负向反应,第 5 期开始为正向响应,在第 7 期达到最大 0.034,且为正向的。当给科学技术支出一个正向冲击后,科学技术支出将影响煤炭消费,但其依然是第 1 期没有响应,从第 2 期开始对煤炭消费带来反向的影响,持续效应在第 5 年变成正向响应。即科学技术支出的正向冲击对煤炭消费的响应为前期反向响应,后期正向响应。这个结论揭示了科学技术对煤炭消费的冲击作用同样具有滞后效应但反向滞后效应较短,这主要是因为技术创新具有时间性,再先进的技术时间久远也对生产的作用降低了。因此,科学技术本期支出增加,将导致近期技术创新出现,近期煤炭消费减少,倘若长时间不增加科学技术支出,则原有科学技术支出所带来的反向影响将消失,相对落后的技术将带来未来煤炭消费的增加。此结论与煤炭消费长期均衡的趋势分析并不矛盾,说明其科学技术支出对煤炭消费的反向滞后影响相对较短。

3.8　本章小结

煤炭消费受经济增长、产业结构、煤炭价格、技术创新(科技支出)、环境因素影响。应用单整、协整以及 Granger 因果关系检验的方法,验证了经济增长与能源消费、煤炭消费均呈现协整、双向因果关系,并建立能源消费、煤炭消费分别与经济增长的长期均衡模型和误差修正模型,分析经济增长对煤炭消费、能源消费的长期和短期影响。通过建立多变量协整模型,综合考虑多个影响因素相互作用对煤炭消费量的影响,结果表明煤炭消费与我国的实际 GDP、工业比重之间存在显著的正向影响关系,煤炭价格、科学技术支出对煤炭消费有反方向影响作用,其中煤炭价格反向影响不显著,科学技术支出的反向影响显著。通过建立脉冲响应函数,考察各影响因素变动对煤炭消费的动态影响,经济增长的正向冲击对煤炭消费的滞后影响是正向的,且持续效应较长。煤炭价格的正向冲击对煤炭消费的滞后影响是反向的且持续效应较长。工业比重的正向冲击带来煤炭消费近期是正向响应,持续效应不长。科学技术支出的正向冲击带来煤炭消费近期负向响应,远期正向响应,说明科学技术支出应不断加大投入才能持续降低煤炭消费量。

第 4 章　中国煤炭消费效率评价的实证研究

介绍能源效率评价的基本概念及主要能源效率测算方法，根据所要研究的对象建立基于 DEA 的中国工业行业、各地区的煤炭消费效率评价模型，并根据模型运行结果进行工业行业煤炭消费效率分析和地区煤炭消费效率差异比较分析，通过分析寻找效率差异的原因。

4.1　能源效率评价的概念及方法

能源问题越来越受到各国政府及科研工作者的重视，对于能源的相关理论研究越来越多，在前面文献综述部分已经做了阐述。然而，由于对能源效率的评价标准不统一，学者们进行计算所得能源效率结论存在一定差异，但学者们研究能源效率都是经济上的能源效率，本书在借鉴相关学者研究成果的基础上，对衡量能源使用效率的两类方法能源生产率和能源效率进行界定。

4.1.1　能源生产率

能源生产率是指在生产过程中产出与能源投入之间的比率。按照生产过程中投入要素的数量，能源生产率可以区分为单要素生产率、多要素生产率或全要素生产率。当用一种投入只生产一种产出时，即单要素生产率的测量是非常简单的，此时，每单位投入的产出是对生产率水平的综合测量，而且它能用于比较不同行业或不同地区、厂商间的绩效水平。然而，当用多种投入生产多种产出时，要计算其要素生产率就变为多要素生产率或全要素生产率，其计算也变得复杂。以 Rashe、Tatom(1977)、赵丽霞等(1998)的三要素生产函数为例来说明单要素生产率和多要素或全要素生产率。生产函数如下：

$$Y = Af(X_i) = Af(K, L, E) \tag{4.1}$$

其中，Y 代表产出，f 为生产函数，X_i 代表生产要素即 K, L, E 分别代表资本投入量、劳动投入量、能源投入量，A 为常数。

根据生产率定义，K,L,E 三要素的生产率分别为 $\frac{Y}{K},\frac{Y}{L},\frac{Y}{E}$，能源生产率 $\frac{Y}{E}$ 即表示单位能源所实现的国内生产总值，单位是“元/吨标准煤”，能源生产率是能源消耗强度的倒数。

多要素生产率或全要素生产率测算了生产中若干投入要素的使用，可以定义为加总的生产产出与加总的投入使用之间的比率。对于上述生产函数(4.1)，三生产要素的加总投入涉及指数权重问题，一般选择各要素的产出弹性来代替。公式如下：

$$\frac{Y}{X}=\frac{Y}{\sum W_i X_i} \tag{4.2}$$

其中，W_i 是所投入生产要素的权重，多要素或全要素生产率的测算，更适合于厂商之间或给定厂商随时间变化的绩效测量的比较。

4.1.2　能源效率

能源效率是从资源稀缺的角度和资源节约的角度来评价能源消费。该效率包括两部分：技术效率和配置效率(Farrell,1957)。二者根本区别在于是否考虑能源价格，技术效率是不考虑能源价格的前提下，如何实现既定的投入下的最大产出，或既定产出下的最小投入，是从技术角度考虑投入产出的。而配置效率考虑能源价格，考虑在加入能源价格约束的条件下能源投入产出的最优化，配置效率相对技术效率而言，计算更为复杂，一般情况下，如果实现了技术效率也基本能实现配置效率，所以一般能源效率的研究都是研究技术效率的，本书所研究的煤炭效率若无特殊说明，也代表的是煤炭的技术效率。

借鉴魏楚、沈满洪(2007)给出的能源生产率和能源效率的区别表格，对能源生产率和能源效率进行对比分析。从表 4.1 对比可以看出，能源生产率和能源效率在对能源绩效进行评价方面各有优劣。能源生产率在计算能源效率时主要是计算能源投入与产出之间的比率，用能源生产率作为能源效率的衡量指标有一定的局限性：其一，量纲随着投入产出数据单位变化而变化，当不同主体间进行效率比较时，因为量纲不统一无法比较其效率大小；其二，计算的能源生产率指标没有考虑到其他生产要素对生产过程的影响，其他生产要素在生产过程中和能源投入共同影响生产效率。而能源效率指标恰好弥补了能源生产率在度量能源效率上的不足，其无量纲不受投入产出单位的影响，可以进行不同主体间的效率比较，并且计算中考虑了能源要素以及其他要素在生产中贡献。但是，Fare, Lovell(1978)也提出当规模报酬可变时，会导致基于投入法和产出法的能源效率值不同，因此在进行效率比较时，又进一步分解出规模效率。

表 4.1　能源效率与能源生产率的对比

	能源生产率	能源效率
定义	产出量与能源投入量之比	较少的能源生产同样数量的服务或有效的产出
表达式	单要素：$\frac{Y}{E}$ 多要素：$\frac{Y}{X}=\frac{Y}{\sum W_iX_i}$	投入法：既定产出最小投入 产出法：既定投入最大产出
取值范围	[0,∞]	[0,1]
判断标准	不同主体之间比较取值大小，或同一主体不同时期取值大小	越接近 1 效率越高，越接近 0 效率越低
量纲	有，根据投入与产出的单位决定	无量纲
优点	计算简单，适用于技术效率差异较大的主体之间比较	衡量能源投入对实际生产的利用程度，更接近能源效率
缺点	没有考虑相关要素配合对技术效率的影响	计算过程复杂，投入法和产出法对同一主体计算效率值不等

4.1.3　能源效率测量方法

关于能源效率的常用衡量方法主要有参数法和非参数法两种。

4.1.3.1　参数法

参数法是首先根据生产过程中涉及的变量设定具体的生产函数，然后利用经济计量方法估计生产函数中涉及的参数和能源效率值，主要有随机前沿（Stochastic Frontier）和确定前沿（Deterministic Frontier）估计方法，两方法中通常以随机前沿分析为代表，该方法主要针对在计算效率时用到的数据规模较大，如果采用确定前沿模型容易出现随机误差影响测算结果的精确程度，因此采用随机前沿模型使效率测量不受误差值或异常值的影响，提高测算结果的精确程度。

1977 年，Meeusen 和 Broeck（MB）、Aigner，Lovell and Schmid 同时提出了 SFA 模型，模型中考虑了随机因素对于产出的影响，但模型对于每个观察点的效率尚不能计算，Battese and Corra（BC）（1977）也对 SFA 的方法进行研究。1982 年 Jondrow 等把技术无效率从残差中分离出来，不仅能估计出全部样本的平均效率水平，也能估计每个观察点的点效率。之后学者们对 SFA 方法陆续进行了一系列研究，集中在 Kumbhakar and Lovell（2000）所著的 Stochastic Frontier

Analysis 一书中。SFA 的基本模型可以表示为：

$$y_i = f(x_i;\beta)\cdot\exp\{v_i\}\cdot\exp\{-u_i\}\quad i=1,2,\cdots,N \tag{4.3}$$

其中，y_i 表示产出，x_i 表示投入，β 是模型参数，f 是生产函数，一般的学者们取 C－D 生产函数，则模型的一般计算公式是：

$$TE_i = \frac{y_i}{f(x_i;\beta)\cdot\exp\{v_i\}} = \exp\{-u_i\}\quad i=1,2,\cdots,N \tag{4.4}$$

以上即为随机前沿函数分析方法的数学模型，其主要特点是首先假定投入要素与产出之间的生产函数关系，在既定的生产函数关系的基础上计算能源效率。国内学者史丹等（2008）运用随机前沿方法对中国不同地区的能源效率差异性进行分析。

4.1.3.2　非参数法

非参数方法主要以数据包络分析方法（DEA）为主，该方法相对于随机前沿分析方法而言，其不需要先确定具体的生产函数，该方法主要根据投入变量与产出变量的具体数据，利用线性规划模型即可测量效率。数据包络分析方法根据评价对象的“投入”数据和“产出”数据，利用 DEA 求得有效生产前沿面，根据决策单元（Decision Making Unit，简称 DMU）是否在前沿面上，以决定其规模是否有效和技术有效等。

利用上述 DEA 原理，对比求得的有效生产前沿面，通过判断每个决策单元距离前沿面的距离，计算出每个决策单元相对于其他决策单元的效率值。若决策单元的效率值落在有效生产前沿面上，则其效率值应为 1，其是 DEA 有效的决策单元；若决策单元没有落在有效生产前沿面上，其距离前沿面越近效率值越大，代表该决策单元效率程度越高，反之距离前沿面越远效率值越小，代表该决策单元的效率程度越低。使用较多的 DEA 模型主要有两种，即当规模收益不变（CRS）时的效率测量模型 CCR 模型和规模收益可变（VRS）的效率测量模型 BCC 模型。CCR 模型及 BCC 模型如下：

CCR（最早由 Chrnes，Cooper 和 Rhodes 提出，由此命名）模型，该模型是固定规模报酬（Constant Returns to Scale，CRS）的假设下，根据 Ferrell（1957）所提出两种投入一种产出的概念效率测量模型，为适应现代复杂的生产程序，逐步扩充到多种投入多种产出的效率测量模型，该模型可以用下面的线性规划模型表示：

$$h_{jo} = \frac{\text{Max}\sum_{r=1}^{s} u_r y_{rjo}}{\sum_{i=1}^{m} v_i x_{ijo}}$$

$$\begin{cases} \dfrac{\sum_{r=1}^{s} u_r y_{rj}}{\sum_{i=1}^{m} v_i x_{ij}} \leqslant 1 \\ j = 1,2,\cdots,n \\ u_r \geqslant 0, v_i \geqslant 0 \\ r = 1,2,\cdots,s; i = 1,2,\cdots,m \end{cases} \tag{4.5}$$

式中,x_{ij}代表第j个决策单元(DMU)在第i项的输入;y_{rj}代表第j个决策单元(DMU)的第r项输出值;u_r代表第r个输出指标的权数;v_i代表第i个输入项的权数;h_{jo}表示第j_0个决策单元(DMU)的相对其他单元的相对效率值。

由于式(4.5)是一个分式规划,为简化计算过程,通过 Charnes - Cooper 变换上述分式规划转化为下面等价的线性规划形式:

$$Ej = \text{Max} \sum_{r=1}^{s} u_r y_{rjo}$$

$$\text{st.} \begin{cases} \sum_{r=1}^{s} u_r y_{ij} - \sum_{i=1}^{m} v_i x_{ij} \leqslant 0, j = 1,2,\cdots,n \\ \sum_{i=1}^{m} v_i x_{jo} = 1 \\ v_i \geqslant 0, u_r \geqslant 0; i = 1,2,\cdots,m; r = 1,2,\cdots,s \end{cases} \tag{4.6}$$

CCR 模型根据将各投入变量与各产出变量的线性规划模型,计算评价单元的效率值位于0到1之间,相对于 DEA 有效的决策单元,非 DEA 有效的决策单元确定其差距以明确其改进的目标。图4.1给出了规模收益不变的 CRS - DEA 模型效率测量与投入松弛关系,该图形表示所分析厂商均为两种投入要素一种产出,假定有 A,B,C,D 四个厂商,四个厂商均投入煤炭及其他相关要素,并有一种产出,处于前沿面的决策单元其最大化产出标准化为1,煤炭和其他投入要素通过与产出相比进行标准化处理。则 B 和 C 两个厂商的组合是有效的,则这两个有效的厂商就定义了前沿面,即最优前沿,而厂商 A 和 D 是非有效的厂商,因为其相对于前沿面 B 和 C 而言存在过度要素投入,也就是存在资源浪费带来的效率低下。

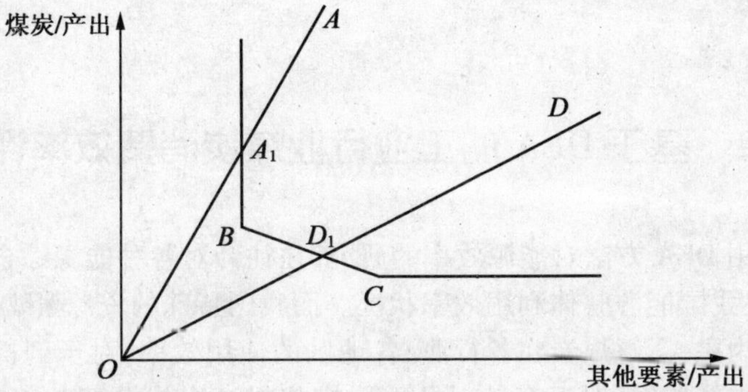

图4.1　基于投入的CRS－DEA模型

具体来看，结合图4.1，按照Farrell（1957）的技术效率测量方法，A和D点的技术效率在几何上可以分别表示为OA_1/OA和OD_1/OD，即点A的产出和投入效率较差，为实现同等的A点的产出，煤炭投入要素可以减少AA'，但由于煤炭投入要素在点A_1并不是有效的，因为在A_1点仍然存在过度的要素投入，要素投入还可以继续减少，A_1B的数量最终达到B点，而此时产出维持不变，这种现象在文献中称为投入松弛（input slack），A_1B为点A的投入松弛量。点D的效率前沿参照点是D_1，它可以通过径量调整（Radial Adjustment）减少要素投入数量DD_1，使生产要素投入数量达到效率前沿点D_1。当考虑多投入与多产出的情况下，图形就会显得复杂，产出松弛也可能发生。

BCC模式（Banker、Charnes and Cooper）于1984年提出。CCR模式在计算效率时假设决策单元都处于固定规模报酬，但实际生产中决策单元有可能处于规模递增（Increas－ing Returns to Scale，IRS）或规模递减（Decreasing Returns to Scale，DRS）的情形，即规模无效率有可能影响整体效率。为了弥补CCR模型假设所带来的问题，出现了新的计算效率的方法即BCC模式，该模式是在假设变动规模报酬（Variable Returns to Scale，VRS）下，对CCR模式进行改进和扩充，把效率分解为纯技术效率和规模效率两部分，BCC模式下的技术效率（TE）分解为纯技术效率（Pure Technical Efficiency，PTE）与规模效率（Scale Efficiency，SE），并且有：规模效率＝技术效率/纯技术效率。

DEA方法在使用之前不需要预先估计参数，并且各评价指标的权重和最后的评价结果都完全由客观数据计算得到，避免主观因素带来的结果不可靠，评价结果有很强的说服力。

4.2 基于 DEA 的工业行业煤炭消费效率评价

以往采用 DEA 方法对能源效率的研究,往往针对各种能源综合利用效率进行探讨,反映我国能源整体利用效率状况。而我国特殊的资源禀赋条件,能源使用中以煤炭为主,了解煤炭在各行业、各地区的使用效率,对于剖析我国煤炭利用效率具有重要作用,对于有针对性采取措施提高煤炭消费效率有重要意义。从目前现有文献来看,对于各行业尤其是工业内部具体行业煤炭利用效率研究的文章较少。在我国工业是能源消耗的主体,同样也是煤炭消耗的主体。因此,本书以工业部门为研究样本,分析 1999～2009 年 32 个工业行业的煤炭消费效率与工业经济转型特征。

4.2.1 研究变量选择与说明

根据《国民经济行业分类》(GB/T 4754—2002),我国工业行业分为采掘业、制造业(轻工业、重工业)和电力、燃气及水的生产和供应业 3 个大类,3 个大类下面又划分为若干种类,如采掘业划分为煤炭开采和洗选业、石油和天然气开采业等 6 个中类,制造业中的轻工业划分为农副食品加工业、食品制造业等 12 个中类,制造业中的重工业划分为石油加工、炼焦及核燃料加工业等 19 个中类,电力、燃气及水的生产和供应业划分为电力、热力的生产和供应业等 3 个中类。其中由于 1997 年以后的武器弹药制造业没有做单独统计,另外其他采矿业、工艺品及其他制造业、水的生产和供应业、废弃资源和废旧材料回收加工业数据统计在研究期间有缺失,因此剔除了这些行业。最终研究范围确定为采掘业的 5 个行业、制造业的 25 个行业和电力、燃气及水的生产和供应业(简称公用事业)的 2 个行业,共 32 个行业,见表 4.2。

由于企业生产过程是多种要素共同作用的结果,单一生产要素煤炭对企业生产过程虽然重要,但没有其他生产要素的配合其本身也无法发挥作用。因此,鉴于生产理论原理,为准确评价煤炭在企业生产过程中的使用效率,评价中必须结合资本投入、劳动力等重要相关要素共同进行,只有这样才能更好地反映客观实际,体现生产过程的本质。本书以 32 个工业行业为研究对象,构造多投入期望产出 DEA 评价模型,评价分析煤炭在各行业的消费效率。

表 4.2　工业行业分类明细

行业名称	代码	行业名称	代码
采掘业(I)		重工业(III)	
煤炭开采和洗选业	H1	石油加工、炼焦及核燃料加工业	H16
		化学原料及化学制品制造业	H17
石油和天然气开采业	H2	医药制造业	H18
黑色金属矿采选业	H3	化学纤维制造业	H19
		橡胶制品业	H20
有色金属矿采选业	H4	塑料制品业	H21
非金属矿采选业	H5	非金属矿物制品业	H22
轻工业（II）		黑色金属冶炼及压延加工业	H23
食品制造业	H6	有色金属冶炼及压延加工业	H24
饮料制造业	H7	金属制品业	H25
烟草制品业	H8	专用设备制造业	H26
纺织业	H9	交通运输设备制造业	H27
纺织服装、鞋、帽制造业	H10	电气机械及器材制造业	H28
皮革、毛皮、羽毛(绒)及其制品业	H11	通信设备、计算机及其他电子设备制造业	H29
木材加工及木、竹、藤、棕、草制品业	H12		
家具制造业	H13	仪器仪表及文化、办公用机械制造业	H30
造纸及纸制品业	H14		
文教体育用品制造业	H15	电力、燃气的生产和供应业(IV)	
		电力、热力的生产和供应业	H31
		燃气生产和供应业	H32

参考前人的工作建立了投入产出指标体系。由于 1994,2003 年中国曾经有两次行业分类标准的变更,1998 年工业行业的统计范围也有所变化,考虑到数据的连续性,统计资料的可得性及其统计口径的一致性,本书研究数据起始年限为 1999 年,最新数据截至 2009 年。因此,本书将研究期间定位在 1999 ~ 2009 年。具体投入产出数据选取办法如下:

(1)产出数据。根据陈勇、李小平(2006)对工业行业面板数据的处理分析,评价单元当期的经济产值,对于国家和行政区域层面来说就是国内生产总值,对于工业和企业来说就是工业增加值,本书采用 32 个工业行业增加值来衡量产出指标,用 Y_1 表示。其中,由于 2004 年进行全国经济普查,2005 年《中国工业经济统计年鉴》未出版，代替出版2004年《中国经济普查年鉴》，在普查年鉴中没有核算工业增加值，从《走向世界的中国制造业》获得2004年制造业的工业增加值，但缺少采矿业和电力、热力及燃气的生产和供应业的工业增加值数据。基础数据来自于中经网、2000～2010年中国统计年鉴、2001～2010年中国工业经济统计年鉴，并根据《中国城市（镇）生活与价格年鉴2009》和2010年《中国统计年鉴》提供的分行业工业品出厂价格指数将工业增加值折算为1999年不变价。

（2）投入数据。投入要素主要包括资本投入量、劳动力投入和煤炭消费量。其中，资本投入量用固定资产净值年平均余额代替，并按照各行业工业品出厂价格指数折算成1999年不变价格，用 X_1 表示，基础数据来自于中经网。严格地讲，劳动力投入应当用从业人员的有效劳动时间衡量，但由于缺乏既能体现劳动者劳动时间又能体现劳动效率的统计指标，考虑到数据的可得性和可比性，故本书以从业人员年均人数表示劳动力投入量，用 X_2 表示，数据来源于中经网和各年《中国工业经济统计年鉴》。煤炭消费量用各行业的实际煤炭消费量度量，用 X_3 表示，数据来自于各年《中国能源统计年鉴》和中经网。每个待评价的单元作为一个决策单元 $DMU_j (j=1,2,\cdots,32)$，构造多投入期望产出DEA模型。

根据前述研究变量选择，收集相关数据。其中各行业变量的计量单位如下，工业增加值的单位是亿元，资本投入量即固定资产净值年平均余额的单位为亿元，劳动力投入即从业人员年均人数的单位为万人，煤炭消费量的单位为万吨。表4.3给出了各研究变量的1999～2009年均值和年增长率。

1999～2009年，我国32个工业行业的年均工业增加值及年增长率，石油和天然气开采业与石油加工、炼焦及核燃料加工业的工业增加值的年增长率较低，均小于10%。这两个行业都属于石油石化产业，该产业是指以石油和天然气为原料，生产石油产品和化工产品的整个加工工业，是我国的支柱产业之一。通常可以将石油石化产业分为：石油开采业、石油炼制业、石油化工、化工制品和化肥行业等。“石油开采”指的是将原油和天然气从地下采出的过程，并将原油和天然气分离。“石油炼制”指的是将原油加工成汽油、柴油、煤油、石脑油、重油等油品的过程。“石油化工”指的是，将石油产品和石化中间品加工成石化中间品的过程。而“化工制品”指的是将石化中间品加工成制品的过程。“化肥行业”指的是将石油产品合成为化肥的过程。每个过程有其自身的功能和特点。除以上两个行业以外，其他30个行业中有15个行业的工业增加值年增长率保持着20%以上的高速增长，其余15个行业增加值的年增长率在10%～20%之间。工业行业的高速增长，保证了我国国内生产总值的高速增长，带动我国经济的高速发展。

相对于工业增加值的普遍高速增长，固定资产净值的年均增长率各个行业差别较大,10 个行业的固定资产净值年均余额的年增长率小于 10%,21 个行业固定资产净值年均余额的年增长率位于 10%～20%之间,只有通信设备、计算机及其他电子设备制造业的固定资产净值年均余额年增长率超过 20%。其中固定资产投资年增长率较高的通信设备、计算机及其他电子设备制造业主要是指从事通信设备、雷达及配套设备、广播电视设备、电子计算机、电子元器件、家用视听设备和其他电子设备的生产制造活动。包括:通信设备制造,指通信传输设备、通信交换设备、通信终端设备和移动通信及终端设备的制造;雷达及配套设备制造,指雷达整机及雷达配套产品的制造;广播电视设备制造,指广播电视节目制造及发射设备、接受设备及器材、应用电视设备的制造;电子计算机制造,指电子计算机整机、计算机网络设备、计算机外部设备的制造;电子器件制造,指电子真空器件、半导体分立器件、集成电路、光电子器件的制造;电子元件制造,指电子元件及组件、印制电路板的制造;家用视听设备制造,指家用影视设备、家用音响设备的制造。在“十二五”规划中,国家依然重点支持通信网络建设,光通信领域迎来较大的发展机遇,“十二五”规划明确了对三网融合、工业信息化、物联网、电子政务等领域的支持,而上述领域顺利推行的网络基础都是通信行业投资范畴,对于通信设备行业是一个比较大的利好,未来几年通信设备行业需求空间得到放大。2011 年作为“十二五”规划第一年即国家战略转型的第一年,信息化基础——通信网络建设必将成为投资重点。光通信、无线覆盖及网优具有较好投资价值,综合考虑“十二五”规划对信息技术产业的支持,对三网融合目标实现的明确要求,同时考虑到广电网络建设将有明显放大,预计“十二五”期间通信(含部分物联网)相关基础投资将达到 2 万亿元,较“十一五”期间 1.5 亿的投资额有较大提升。

表 4.3　研究变量 1999～2009 年均值及年增长率

行业	工业增加值		资本投入		劳动力投入		煤炭消费量	
	均值	年增长率/%	均值	年增长率/%	均值	年增长率/%	均值	年增长率/%
H1	1 425.18	15.60	2 227.42	5.37	401.55	14.82	12 796.27	11.07
H2	1 681.17	6.40	1 936.99	4.55	83.44	−0.78	623.62	−3.35
H3	278.20	30.98	212.35	18.72	36.83	9.06	116.00	8.68
H4	288.63	17.82	245.94	6.03	41.48	−0.52	98.10	−0.40
H5	276.92	17.40	327.21	5.99	49.99	−0.87	579.99	3.97
H6	1 121.69	20.71	1 119.81	11.91	116.95	5.34	829.97	3.63

续表 4.3

行业	工业增加值		资本投入		劳动力投入		煤炭消费量	
	均值	年增长率/%	均值	年增长率/%	均值	年增长率/%	均值	年增长率/%
H7	1 222.46	15.24	1 370.27	7.56	98.81	1.14	742.31	1.54
H8	1 815.82	13.47	590.17	1.90	21.58	-3.33	129.27	-6.57
H9	2 889.47	17.44	3 448.49	8.43	497.32	1.91	2 025.07	5.34
H10	1 413.73	18.52	877.07	12.60	325.13	8.29	183.22	4.35
H11	850.10	19.49	450.71	11.33	190.95	8.90	85.45	0.00
H12	559.09	26.47	548.89	14.46	79.81	10.54	341.04	6.47
H13	345.83	25.31	288.92	18.44	60.16	14.49	38.04	-5.40
H14	1 063.80	19.77	1 875.70	14.56	127.38	2.50	2 790.44	9.42
H15	367.06	17.27	275.23	12.57	95.30	7.19	18.77	-1.32
H16	909.04	7.75	1 497.99	1.45	70.50	1.72	16 974.99	13.41
H17	3 475.24	19.76	5 177.91	10.88	353.80	1.73	11 096.58	6.49
H18	1 634.83	20.48	1 633.42	15.81	122.19	4.86	617.16	1.99
H19	431.44	12.71	903.70	2.58	33.44	9.82	805.53	-0.86
H20	559.28	18.18	685.16	12.43	75.73	3.23	369.37	2.86
H21	1 181.26	20.34	1 272.18	11.88	171.48	8.87	226.04	7.57
H22	2 811.46	19.28	4 221.84	10.97	429.96	1.61	16 358.80	8.00
H23	3 695.90	21.39	5 508.76	11.02	276.29	1.55	17 739.72	8.79
H24	1 445.53	24.49	1 688.62	11.46	130.41	5.07	2 167.54	8.54
H25	1 623.80	20.05	1 363.20	13.10	220.18	6.76	288.53	1.09
H26	1 765.10	22.67	1 685.69	14.05	230.17	3.55	453.87	3.80
H27	4 642.76	24.47	4 623.82	15.88	360.25	4.62	804.34	0.93
H28	3 544.35	22.81	2 455.56	14.05	342.64	8.88	198.99	4.72
H29	7 089.07	27.14	5 557.46	23.97	390.67	13.55	119.65	8.38
H30	749.08	23.71	524.70	15.01	81.87	6.90	28.09	-5.08
H31	4 776.80	14.20	18 754.15	14.66	245.68	2.22	96 195.93	10.80
H32	128.04	23.60	429.54	9.31	15.64	1.26	1 201.09	0.65

各个行业的劳动力投入即从业人员人数的年均增长率有正有负，其中石油

和天然气开采业、有色金属矿采选业、非金属矿采选业、烟草制品业等4个行业从业人员年均增长率为负,有24个行业从业人员年均增长率位于0～10%之间,只有4个行业煤炭开采和洗选业、木材加工及木竹藤棕草制品业、家具制造业、通信设备计算机及其他电子设备制造业的从业人员年均增长率大于10%。从业人员增长率较高的行业都属于劳动密集型行业,随着其行业规模的扩大,行业从业人员也随之增加。

煤炭消费量的年增长率有正有负,有7个行业的煤炭消费年增长率为负,22个行业的煤炭消费年增长率介于0～10%之间,只有3个行业煤炭消费的年增长率大于10%。

下面将利用工业行业的投入产出数据,对工业行业的煤炭消费效率进行评价,分析煤炭与劳动、资本的替代效应,为提高我国工业行业煤炭消费效率提供决策支持。

4.2.2　基于时间序列的工业煤炭消费效率

利用非参数法的数据包络分析方法对中国工业整体进行煤炭消费效率测算,本节对工业行业纵向各个年度的效率相对值进行测算,考察在计算期内工业整体煤炭消费效率的变动情况。通过DEAP2.1软件计算,得出在1999～2009年期间工业整体的煤炭消费综合技术效率、纯技术效率和规模效率值,并将工业整体在研究样本期间的煤炭消费效率变动情况表现为图4.2。从图4.2可以看出,中国工业行业煤炭消费的综合技术效率及规模效率呈现逐年递增趋势,纯技术效率变动不大。表明工业行业随着规模扩大,带来的经济产出随之增加,煤炭的消费效率也相对提高。这是近十年来,中国按照走新型工业化道路要求,不断推进产业结构调整,按照市场规律对中国工业行业改组改造所获得的成就。但是从煤炭技术效率、规模效率和纯技术效率的变动趋势可以看出,对煤炭效率提高贡献最大的是规模效率,而纯技术效率贡献较小。这也说明我国工业行业经过近十年来的调整,其行业规模调整效果明显,而纯技术效率表现不足。未来产业结构调整应坚持以市场为导向、企业为主体,把增强自主创新能力作为中心环节,继续发挥劳动密集型产业的竞争优势,调整优化产业结构、企业组织结构和产业布局,提升整体技术水平和综合竞争力,促进工业由大变强。具体措施如加快发展高技术产业、振兴装备制造业、优化发展能源工业、调整原材料工业结构和布局、提升轻纺工业水平、积极推进信息化。

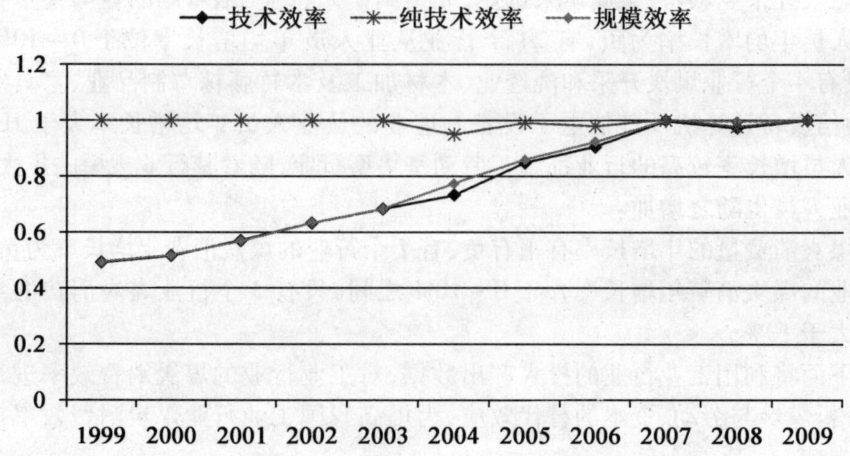

图 4.2　中国工业行业总体 1999～2009 年煤炭消费效率变动

4.2.3　基于面板数据的工业行业的煤炭消费效率实证分析

运用工业行业 32 个子行业的投入产出数据，进行煤炭消费效率评价。具体步骤分为两步，首先，根据各年数据，利用 CCR 模型求出各行业在不考虑规模收益情况下的技术效率值（TEcrs），然后利用 BCC 模型求出考虑规模收益时的纯粹技术效率值（PTEvrs），技术效率值（TEcrs）除以纯技术效率值（PTEvrs），即可得到规模效率值（SE）。通过判断该行业规模效率值，进行规模报酬分析，进行行业扩大或缩减其经营规模的决策，以提高经营效率，一般地，文中所述煤炭消费效率即指煤炭消费的技术效率值，计算工具为 DEAP2.1 软件。

4.2.3.1　煤炭消费技术效率分析

本书研究的煤炭技术效率（TEcrs），是基于投入导向下的固定规模报酬 CCR 模型求得。该模型计算的前提是固定规模报酬下，即规模报酬不变的条件下，各行业在现有产出既定情况下，计算煤炭消费效率。根据该模型求得的技术效率值及目标投入值，可以判断出各行业是否有煤炭及其他投入要素的浪费，也可以说是投入要素过多。一般的，若技术效率值 TE < 1，则需以 1 – TE 的比例减少投入要素。或者说，存在 1 – TE 比例的投入浪费。

从表 4.4 及图 4.3 可以看出，32 个行业中，烟草制品业、通信设备计算机及其他电子设备制造业等 2 个行业位于有效前沿面上，11 年间效率值均为 1，这 2 个行业为 DEA 有效，即对于这 2 个行业从目前的投入情况来看，除非减少某些种类的产出，否则无法再减少任何现有的投入要素，即投入要素相对其他行业而言，不存在浪费现象。这 2 个行业在分析的 32 个工业行业中煤炭消费效率处于相对最优。仪器仪表及文化、办公用机械制造业 2006 ~ 2008 效率值为 1 位于有效前沿面上，其他年份该行业效率值提升较快，从 1999 年的 0.584 一直到 2006 年的 1，该行业煤炭消费效率不断提高，也属于煤炭消费效率相对较高的行业，1999 ~ 2009 年间的平均效率在 32 个行业中排名第三。

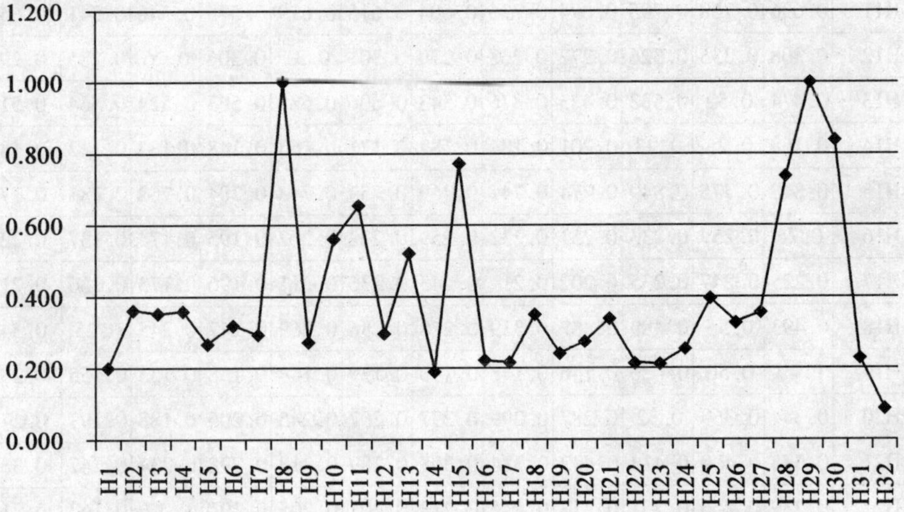

图 4.3　中国 32 个工业行业 1999 ~ 2009 年的煤炭消费平均技术效率①

表 4.4　中国工业行业 1999 ~ 2009 年技术效率变动表

年份 / 行业	1999	2000	2001	2002	2003	2004	2005	2006	2007	2008	2009	平均
H1	0.192	0.192	0.192	0.177	0.17	—	0.269	0.235	0.206	0.183	0.166	0.198
H2	0.44	0.674	0.457	0.44	0.279	—	0.35	0.331	0.26	0.211	0.179	0.362
H3	0.346	0.382	0.371	0.29	0.346	—	0.414	0.396	0.373	0.293	0.315	0.353
H4	0.352	0.367	0.319	0.264	0.261	—	0.429	0.479	0.431	0.342	0.344	0.359
H5	0.303	0.245	0.216	0.189	0.192	—	0.329	0.314	0.307	0.268	0.288	0.265
H6	0.347	0.417	0.372	0.324	0.319	0.314	0.326	0.315	0.276	0.248	0.252	0.319
H7	0.361	0.381	0.342	0.287	0.265	0.25	0.284	0.283	0.26	0.244	0.245	0.291
H8	1.000	1.000	1.000	1.000	1.000	1.000	1.000	1.000	1.000	1.000	1.000	1.000

① 根据表 4.4 绘制。

续表 4.4

年份 行业	1999	2000	2001	2002	2003	2004	2005	2006	2007	2008	2009	平均
H9	0.301	0.357	0.33	0.277	0.256	0.253	0.269	0.26	0.228	0.213	0.228	0.270
H10	0.689	0.779	0.744	0.641	0.627	0.513	0.513	0.503	0.411	0.359	0.389	0.561
H11	0.696	0.768	0.795	0.694	0.726	0.604	0.615	0.629	0.575	0.546	0.541	0.654
H12	0.308	0.335	0.326	0.272	0.268	0.279	0.301	0.31	0.306	0.26	0.285	0.295
H13	0.474	0.52	0.533	0.423	0.376	0.543	0.606	0.588	0.563	0.524	0.564	0.519
H14	0.268	0.25	0.23	0.201	0.184	0.182	0.171	0.163	0.148	0.137	0.142	0.189
H15	0.848	0.775	0.849	0.774	0.744	0.769	0.753	0.743	0.704	0.752	0.781	0.772
H16	0.26	0.259	0.233	0.251	0.232	0.259	0.222	0.202	0.195	0.174	0.137	0.220
H17	0.225	0.247	0.235	0.202	0.214	0.243	0.236	0.211	0.196	0.173	0.166	0.213
H18	0.493	0.55	0.489	0.382	0.339	0.288	0.286	0.269	0.247	0.245	0.25	0.349
H19	0.49	0.56	0.426	0.146	0.148	0.153	0.139	0.144	0.138	0.133	0.155	0.239
H20	0.344	0.369	0.32	0.287	0.299	0.297	0.267	0.245	0.206	0.188	0.193	0.274
H21	0.385	0.409	0.413	0.442	0.384	0.308	0.289	0.313	0.298	0.234	0.247	0.338
H22	0.239	0.266	0.251	0.213	0.216	0.213	0.201	0.205	0.191	0.17	0.167	0.212
H23	0.187	0.212	0.215	0.188	0.225	0.266	0.265	0.227	0.193	0.169	0.156	0.209
H24	0.224	0.277	0.265	0.206	0.229	0.257	0.256	0.318	0.289	0.235	0.231	0.253
H25	0.432	0.475	0.449	0.404	0.43	0.41	0.395	0.395	0.377	0.286	0.281	0.394
H26	0.354	0.4	0.384	0.362	0.307	0.298	0.332	0.342	0.301	0.26	0.25	0.326
H27	0.339	0.361	0.368	0.364	0.407	0.354	0.34	0.357	0.37	0.322	0.327	0.355
H28	0.594	0.646	0.692	0.677	0.719	0.814	0.879	0.874	0.872	0.83	0.515	0.737
H29	1.000	1.000	1.000	1.000	1.000	1.000	1.000	1.000	1.000	1.000	1.000	1.000
H30	0.584	0.621	0.687	0.645	0.734	0.994	0.97	1.000	1.000	1.000	0.984	0.838
H31	0.305	0.275	0.232	0.236	0.207	—	0.21	0.202	0.205	0.205	0.186	0.226
H32	0.078	0.072	0.086	0.070	0.073	—	0.078	0.089	0.100	0.099	0.107	0.085
平均	0.42	0.451	0.432	0.385	0.38	0.434	0.406	0.404	0.382	0.353	0.346	0.399

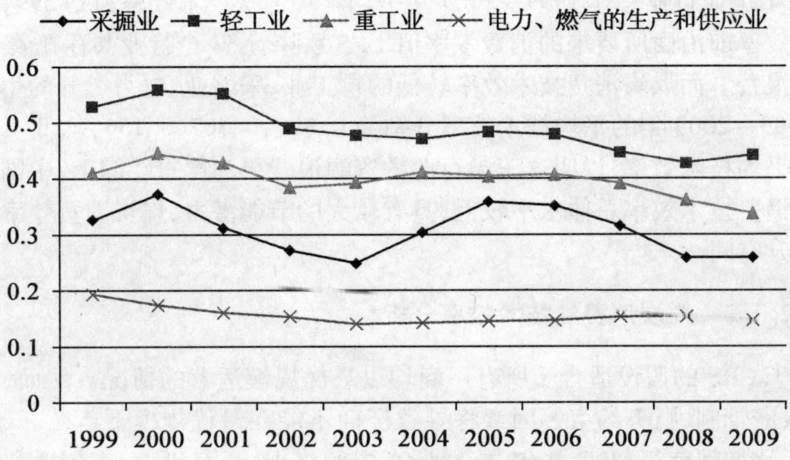

图 4.4　中国四大类工业行业煤炭消费技术效率平均值

结合表 4.4 和图 4.3、图 4.4 可以看出,除以上烟草制品业、通信设备计算机及其他电子设备制造业、仪器仪表及文化、办公用机械制造业等三个行业煤炭消费综合技术效率较高以外,其他行业煤炭消费效率普遍较低。从四大类行业总体情况来看,按照表 4.2 大类行业的归类方法,计算四大类行业每年的平均每个行业的技术效率值,从计算结果可以看出,四大类工业行业平均每个行业煤炭消费技术效率值从高到低依次为轻工业、重工业、采掘业、电力燃气的生产和供应业。其中轻工业 10 个行业的平均每行业的煤炭消费技术效率最高,重工业 15 个行业平均每个行业的煤炭消费技术效率值位于第二,采掘业 5 个行业平均每个行业的煤炭消费技术效率位于第三,电力燃气的生产和供应业平均每个行业的煤炭消费技术效率值最低。1999～2009 年间,采掘业的 5 个行业煤炭消费技术效率较低,每个行业 11 年间的平均效率均低于 32 个行业 11 年间的平均效率。轻工业中的食品制造业、饮料制造业、纺织业、木材加工及木竹藤棕草制品业、造纸及纸制品业等 5 个行业煤炭消费效率较低,其行业平均技术效率低于工业行业总体平均水平。而重工业总体煤炭消费效率较低,如石油加工炼焦及核燃料加工业、化学原料及化学制品制造业、医药制造业、橡胶制造业、非金属矿物制品业、黑色金属冶炼及压延加工业、专用设备制造业等 12 个行业,囊括建材、化工、冶金等的高耗能行业煤炭消费效率普遍较低,行业平均煤炭消费效率低于工业行业总体平均水平。电力、热力及燃气生产和供应业的煤炭消费效率平均每个行业最低,尤其是燃气的生产和供应业,其煤炭消费 1999～2009 年间的平均效率是所有 32 个工业行业中最低的,由于缺乏 2004 年工业增加值数据,核算其 10 年的平均煤炭消费效率只有 0.085,不足 0.1。

32个工业行业总体1999~2009年平均煤炭消费技术效率为0.399,远远低于处于效率前沿面所要求的消费效率值1,这意味着32个行业共存在着60.1%的资源浪费。而煤炭消费技术效率较低的重工业、采掘业、电力燃气的生产和供应业1999~2009年的平均技术效率分别为0.397,0.307,0.156,均低于工业行业总体平均技术效率,说明这三类行业的资源浪费更为严重。综上,中国工业行业煤炭消费技术效率总体水平较低,具有较大的节能潜力,煤炭消费效率具有较大的提升空间。

4.2.3.2 煤炭消费纯技术效率分析

由于CRS的假设适合于所有厂商均以最优规模运营的情况。然而,不完全竞争、政府管制、财务约束等因素将导致厂商不能在最优规模下运营。于是,许多作者,比如阿弗里阿特,法尔、格罗斯克夫和洛根,还有班克、查尔斯和库伯提出对CRS DEA模型加以改进,用于解释规模收益可变(VRS)的情况。

在不满足所有厂商都以最优规模运营的条件下,使用CRS设定会导致TEcrs的测量结果与规模效率(SE)的混淆不清。而使用VRS设定则会解决这个问题。CRS DEA中获得的技术效率(TEcrs)可细分为纯技术效率(PTEvrs)与规模效率(SE)。三者的关系为:TEcrs = PTEvrs × SE。当固定规模报酬下的工业行业非DEA有效时,可以通过纯技术效率和规模效率来说明其不具效率的原因,到底是缺乏纯技术效率(PTEvrs)还是缺乏规模效率(SE)所致。纯技术效率由变动规模报酬的BCC模型求得,可以衡量投入导向模型下,各行业每年投入的煤炭等生产要素能否被有效运用,使产出最大化或投入最小化,该值表示投入要素在使用上的效率。

结合表4.5及图4.5可以看出,我国四大类工业行业煤炭消费纯技术效率从高到低的排序相对于煤炭消费技术效率有所变动,从高到低依次为电力、燃气的生产和供应业、采掘业、轻工业、重工业,其中采掘业有部分年限的纯技术效率低于轻工业,结合上述煤炭消费技术效率的分析结论,可以找出重工业煤炭消费技术效率较低的原因主要是由于其纯技术效率较低造成的,重工业中除通信设备计算机及其他电子设备制造业、仪器仪表及文化办公用机械制造业、电气机械及器材制造业外,绝大多数行业的纯技术效率低于行业平均水平,与纯技术效率较高的行业差距较大。而对于煤炭消费技术效率较低的电力燃气的生产和供应业其煤炭消费纯技术效率却是四大类行业中最高的,说明其纯技术效率不是造成其综合技术效率较低的原因,将在后续的规模效率分析中找到答案。采掘业的煤炭消费技术效率也较低,但是其纯技术效率也不高,说明其纯技术效率仍有待提高。轻工业是四大类行业中综合技术效率最高的,但是其纯技术效率却不高,若其能提高纯技术效率将使轻工业煤炭消费技术效率进一步提高。

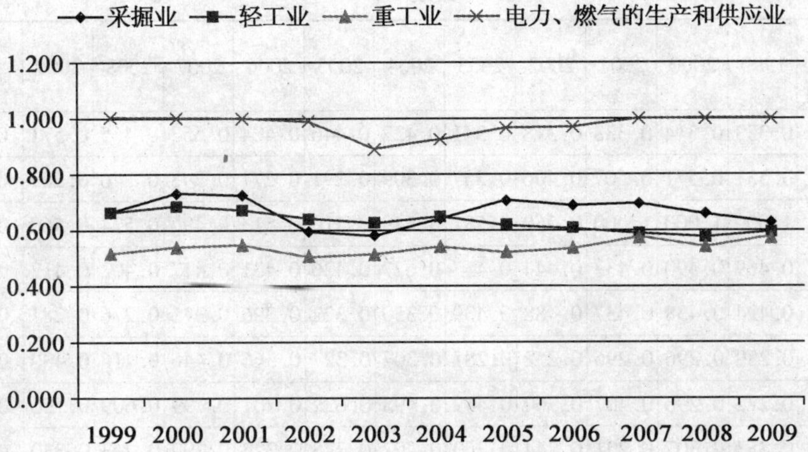

图4.5　中国四大类工业行业煤炭消费纯技术效率平均值

表4.5　中国工业行业1999～2009年纯技术效率变动表

行业＼年份	1999	2000	2001	2002	2003	2004	2005	2006	2007	2008	2009	平均
H1	0.208	0.203	0.204	0.196	0.188	—	0.277	0.240	0.210	0.203	0.191	0.212
H2	1.000	1.000	1.000	0.580	0.288	—	0.353	0.346	0.310	0.307	0.207	0.539
H3	1.000	1.000	1.000	1.000	1.000	—	1.000	0.949	0.979	0.883	0.812	0.962
H4	0.580	1.000	1.000	0.697	0.854	—	1.000	1.000	1.000	1.000	1.000	0.913
H5	0.514	0.442	0.417	0.492	0.563	—	0.892	0.892	0.977	0.896	0.921	0.701
H6	0.405	0.465	0.422	0.387	0.383	0.397	0.364	0.344	0.306	0.291	0.301	0.370
H7	0.381	0.399	0.365	0.323	0.305	0.359	0.318	0.311	0.292	0.279	0.282	0.329
H8	1.000	1.000	1.000	1.000	1.000	1.000	1.000	1.000	1.000	1.000	1.000	1.000
H9	0.415	0.425	0.428	0.388	0.354	0.369	0.473	0.478	0.496	0.494	0.551	0.443
H10	0.739	0.824	0.786	0.667	0.655	0.584	0.546	0.520	0.434	0.388	0.416	0.596
H11	0.857	0.917	0.948	0.887	0.859	0.825	0.793	0.771	0.716	0.695	0.717	0.817
H12	0.514	0.518	0.496	0.501	0.487	0.666	0.466	0.447	0.439	0.408	0.463	0.491
H13	1.000	1.000	1.000	1.000	1.000	1.000	1.000	1.000	1.000	1.000	1.000	1.000
H14	0.311	0.283	0.260	0.243	0.223	0.274	0.204	0.197	0.191	0.186	0.185	0.232
H15	1.000	1.000	1.000	1.000	1.000	1.000	1.000	1.000	1.000	1.000	1.000	1.000
H16	0.327	0.344	0.308	0.353	0.322	0.389	0.320	0.332	0.338	0.372	0.316	0.338

续表 4.5

年份 行业	1999	2000	2001	2002	2003	2004	2005	2006	2007	2008	2009	平均
H17	0.353	0.314	0.338	0.318	0.341	0.422	0.446	0.424	0.553	0.465	0.571	0.413
H18	0.531	0.571	0.507	0.406	0.357	0.309	0.291	0.271	0.248	0.246	0.289	0.366
H19	1.000	1.000	1.000	0.550	0.581	0.649	0.516	0.513	0.496	0.524	0.560	0.672
H20	0.469	0.490	0.433	0.444	0.457	0.627	0.426	0.431	0.417	0.402	0.412	0.455
H21	0.424	0.438	0.437	0.488	0.439	0.350	0.322	0.326	0.311	0.276	0.281	0.372
H22	0.289	0.296	0.296	0.252	0.281	0.307	0.327	0.366	0.446	0.416	0.430	0.337
H23	0.272	0.290	0.407	0.360	0.449	0.493	0.622	0.701	0.799	0.609	0.796	0.527
H24	0.253	0.307	0.291	0.244	0.260	0.297	0.275	0.327	0.299	0.243	0.330	0.284
H25	0.462	0.499	0.471	0.433	0.444	0.446	0.409	0.396	0.389	0.293	0.321	0.415
H26	0.381	0.423	0.410	0.397	0.330	0.329	0.339	0.387	0.410	0.397	0.419	0.384
H27	0.500	0.430	0.550	0.660	0.688	0.674	0.625	0.632	0.843	0.835	0.866	0.664
H28	0.594	0.664	0.725	0.681	0.720	0.814	0.915	0.949	1.000	1.000	1.000	0.824
H29	1.000	1.000	1.000	1.000	1.000	1.000	1.000	1.000	1.000	1.000	1.000	1.000
H30	0.889	0.975	1.000	1.000	1.000	1.000	1.000	1.000	1.000	1.000	1.000	0.988
H31	1.000	1.000	1.000	0.973	0.771	—	0.926	0.936	1.000	1.000	1.000	0.961
H32	1.000	1.000	0.996	1.000	1.000	—	1.000	1.000	1.000	1.000	1.000	1.000
平均	0.615	0.641	0.640	0.591	0.581	0.583	0.608	0.609	0.622	0.597	0.614	0.609

我国32个工业行业1999~2009年间的平均纯技术效率为0.609。而重工业的煤炭消费纯技术效率1999~2009年间的平均值0.536,低于工业行业总体平均值,而其他三大类工业行业采掘业、电力燃气的生产和供应业、轻工业的纯技术效率平均值依次为0.665,0.98,0.628,均高于工业行业总体平均值,这也意味着虽然工业行业总体的煤炭消费纯技术效率不高,但集中在轻工业以外的其他三大类行业,其中重工业是纯技术效率最低的,也是未来调整的重点,其生产要素距离充分使用还有一定的差距。相对技术效率而言,纯技术效率有效的行业增加到4个,纯技术效率的平均值大于0.9接近于1的行业数目也增加到4个,但各行业的纯技术效率仍然参差不齐。工业各行业尤其是重工业,普遍存在煤炭使用的纯技术效率较低的现象。大量的煤炭投入没有得到充分有效的利用,其原因追根究底是与我国长期以来的经济增长方式密切相关。由于我国所处的社会主义初级阶段,经济基础以及科技水平相对薄弱,为追求经济较快增

长,使得我国的经济增长方式不得不走“高能耗、高投入、高污染和低产出”的粗放型经济增长方式。这种经济增长方式是造成我国工业行业大面积煤炭消费纯技术效率较低,尤其是重工业煤炭消费纯技术效率较低的根本原因。同时,我国经济体制中的诸多问题,也影响了煤炭在工业各行业消费的纯技术效率。如煤炭价格不能体现煤炭资源的稀缺性,能源价格体系不合理、能源定价机制尚不健全,能源消费环境成本的不重视,等等,从而导致我国低能源成本、低环境成本的存在,使得一些工业企业缺乏技术创新和管理创新以及节能降耗的动力,进而造成其所处行业的煤炭消费纯技术效率偏低,进而煤炭综合效率也就是技术效率偏低。因此,如果不改变经济增长方式,不解决经济体制的问题,工业行业的纯技术效率提高将异常艰难。

4.2.3.3　煤炭消费规模效率分析

通过执行 CRS DEA 以及 VRS DEA,可以获得每个厂商的规模效率,它等于 CCR 模型下的技术效率值除以 BCC 模型下的纯技术效率值。可以由此衡量在投入导向下,各行业是否处于最优生产规模。根据输出结果,若行业处于规模报酬递减(DRS)阶段,为增加总收益,则应缩小生产规模,减少生产素的投入;反之,若行业处于规模报酬递增(IRS)阶段,为增加总收益,则应扩大生产规模,增加生产要素的投入。

从表 4.6 和图 4.6 可以看出,我国四大类行业的规模效率平均值变动情况与煤炭消费技术效率平均值变动情况接近,其中轻工业和重工业规模效率相对较高,近几年轻工业规模效率有所提高,而重工业总体规模效率有所下降。采掘业煤炭消费规模效率较低,低于轻重工业的规模效率,电力燃气的生产和供应业的规模效率最低。32 个行业规模效率平均值为 0.697,这说明工业行业的现有规模和最优生产规模仍有一定差距。具体来说,规模有效的行业有 2 个,即前述技术效率 DEA 有效的烟草制品业、通信设备计算机及其他电子设备制造业。规模效率大于 0.9 小于 1 的行业有 6 个,而前述纯技术效率较低的重工业行业,规模效率较纯技术效率有所提高。规模效率最低的两个行业全部集中在电力、热力、燃气的生产和供应业,燃气生产和供应业的规模效率仅为 0.085。工业行业煤炭技术效率较低的另一个主要原因是煤炭利用的规模效率较低。石油和天然气开采业、纺织业、交通运输设备制造业、电气机械及器材制造业等 10 个行业 1999 ~ 2009 年间是规模收益递减,也就是说现有行业规模过大,导致资源浪费,为增加总收益应减小行业规模。其他行业如煤炭开采和洗选业、食品制造业等 19 个行业 1999 ~ 2009 年间始终处于规模报酬递增阶段,也就说行业规模虽然不断调整,但相对最优规模依然过小,资源不能得到充分利用,为增加总收益,应提高行业现有规模。而有色金属冶炼及压延加工业、金属制品业、专用设备制造业等3个行业，先是规模收益递增，经过调整以后规模收益递减，行业规模调整力度过大。中国工业行业规模有效的行业较少，行业整体规模效率较低，是值得我们思考的问题。改革开放以后，中国进行大规模工业建设，尤其是近10年工业行业成长较快，但仍然面临行业规模较最优规模有一定差距的问题。究其原因一方面是因为工业企业规模小、结构分散，难以形成行业整体规模优势。另一方面是中国煤炭资源在地理上分布的不平衡，加上一些工程建设项目的低水平重复建设，导致我国工业行业煤炭利用上缺乏规模效率，甚至造成大量的煤炭资源浪费现象。

表4.6 中国工业行业1999～2009年规模效率变动表

行业＼年份	1999	2000	2001	2002	2003	2004	2005	2006	2007	2008	2009	平均
H1	0.924	0.946	0.940	0.903	0.903	—	0.971	0.979	0.982	0.899	0.867	0.931
H2	0.440	0.674	0.457	0.760	0.970	—	0.990	0.956	0.838	0.689	0.861	0.764
H3	0.346	0.382	0.371	0.290	0.346	—	0.414	0.418	0.381	0.331	0.389	0.367
H4	0.607	0.367	0.319	0.379	0.305	—	0.429	0.479	0.431	0.342	0.344	0.400
H5	0.590	0.553	0.517	0.384	0.341	—	0.369	0.352	0.314	0.299	0.312	0.403
H6	0.855	0.898	0.883	0.838	0.832	0.792	0.896	0.918	0.902	0.851	0.837	0.864
H7	0.947	0.953	0.937	0.888	0.869	0.695	0.891	0.908	0.889	0.874	0.869	0.884
H8	1.000	1.000	1.000	1.000	1.000	1.000	1.000	1.000	1.000	1.000	1.000	1.000
H9	0.724	0.841	0.772	0.716	0.724	0.685	0.568	0.544	0.460	0.431	0.413	0.625
H10	0.932	0.946	0.946	0.961	0.958	0.879	0.940	0.967	0.945	0.925	0.935	0.939
H11	0.812	0.837	0.838	0.782	0.845	0.732	0.776	0.815	0.804	0.786	0.754	0.798
H12	0.598	0.646	0.657	0.542	0.551	0.419	0.645	0.693	0.698	0.636	0.615	0.609
H13	0.474	0.520	0.533	0.423	0.376	0.543	0.606	0.588	0.563	0.524	0.564	0.519
H14	0.862	0.884	0.881	0.829	0.827	0.665	0.836	0.831	0.774	0.733	0.769	0.808
H15	0.848	0.775	0.849	0.774	0.744	0.769	0.753	0.743	0.704	0.752	0.781	0.772
H16	0.795	0.754	0.757	0.711	0.721	0.666	0.693	0.609	0.576	0.468	0.434	0.653
H17	0.639	0.787	0.694	0.633	0.626	0.575	0.528	0.497	0.355	0.372	0.290	0.545
H18	0.928	0.964	0.964	0.941	0.950	0.930	0.983	0.993	0.995	0.995	0.863	0.955
H19	0.490	0.560	0.426	0.265	0.255	0.236	0.270	0.281	0.279	0.254	0.276	0.327
H20	0.734	0.752	0.738	0.646	0.655	0.474	0.627	0.568	0.495	0.469	0.469	0.602
H21	0.907	0.933	0.944	0.906	0.874	0.879	0.898	0.961	0.957	0.849	0.880	0.908

续表4.6

年份 行业	1999	2000	2001	2002	2003	2004	2005	2006	2007	2008	2009	平均
H22	0.825	0.898	0.845	0.844	0.769	0.693	0.616	0.561	0.429	0.410	0.389	0.662
H23	0.686	0.732	0.528	0.521	0.501	0.539	0.427	0.324	0.242	0.278	0.195	0.452
H24	0.887	0.903	0.913	0.843	0.880	0.864	0.931	0.971	0.965	0.965	0.699	0.893
H25	0.935	0.951	0.954	0.933	0.968	0.920	0.965	0.998	0.969	0.974	0.875	0.949
H26	0.928	0.945	0.937	0.913	0.930	0.907	0.980	0.886	0.735	0.654	0.596	0.856
H27	0.677	0.839	0.670	0.551	0.591	0.526	0.545	0.564	0.439	0.385	0.378	0.560
H28	0.999	0.972	0.955	0.994	0.999	1.000	0.961	0.921	0.872	0.830	0.515	0.911
H29	1.000	1.000	1.000	1.000	1.000	1.000	1.000	1.000	1.000	1.000	1.000	1.000
H30	0.657	0.637	0.687	0.645	0.734	0.994	0.970	1.000	1.000	1.000	0.984	0.846
H31	0.305	0.275	0.232	0.243	0.269	—	0.227	0.216	0.205	0.205	0.186	0.236
H32	0.078	0.072	0.086	0.070	0.073	—	0.078	0.089	0.100	0.099	0.107	0.085
平均	0.732	0.756	0.726	0.691	0.700	0.735	0.712	0.707	0.665	0.634	0.608	0.697

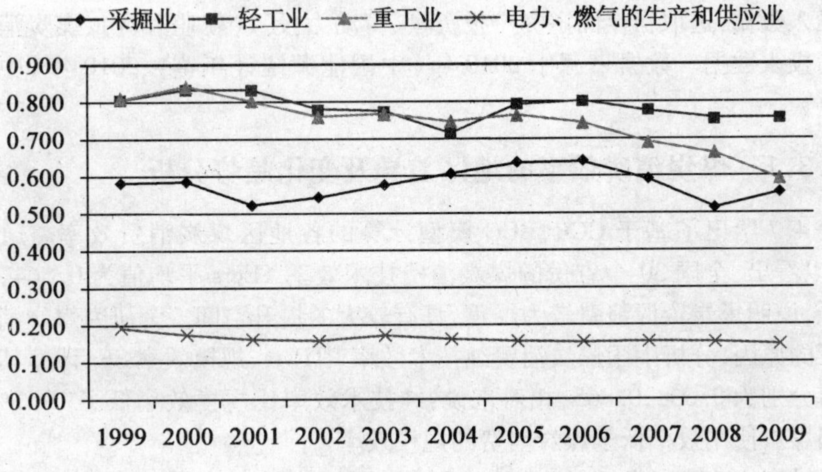

图4.6　中国四大类工业行业煤炭消费规模效率平均值

结合工业行业煤炭消费技术效率、纯技术效率、规模效率的分析，得到如下结论，即电力燃气的生产和供应业煤炭消费技术效率较低主要是由于其规模效率较低造成的，应根据其所在行业规模状况向最优规模调整；重工业相对于纯技术效率而言,其重工业整体的规模效率相对较高,应主要从加强技术创新的角度提高其综合技术效率;采掘业综合技术效率仅高于电力燃气的生产和供应业,其无论是纯技术效率还是规模效率都不高,应从提高技术创业能力和优化行业规模两个方面加强调整才能提高其行业整体的技术效率;轻工业是综合技术效率最高的行业,其规模效率相对较高但是纯技术效率不高,因此应加强轻工业先进技术的研发和使用,以提高其行业整体的煤炭消费效率水平。

4.3 基于 DEA 的各地区煤炭消费效率评价

前文主要针对中国工业行业煤炭消费效率进行评价,并根据评价结果分析了煤炭消费效率较低的成因。为了更全面了解中国煤炭消费的整体情况,下面针对全国各区域煤炭消费效率进行分析评价。根据 2009 年中国 30 个省份的煤炭消费总量、劳动力投入、资本投入和 GDP 产出数据,运用 DEA 方法计算出各省份的全要素煤炭消费效率。

产出数据:根据 2010 年《中国统计年鉴》,选取各省份 2009 年的 GDP 数据作为各省产出数据。

投入数据:选取当年固定资产投资量、劳动力投入(就业人员)、煤炭消费总量作为投入数据。数据来源于 2010 年《中国能源统计年鉴》、2010 年《中国统计年鉴》。

4.3.1 煤炭消费效率的地区差异及变化趋势分析

表 4.7 给出了基于 CCR,BCC 模型计算的各地区煤炭消费效率。通过表 4.7可以看出,全国 30 个省份的煤炭消费技术效率 TEcrs 平均值为 0.564,该效率较低,说明煤炭资源浪费较为严重,具有较大的提升空间。为研究煤炭消费效率低下的原因,分析中国煤炭消费纯技术效率 PTEvrs、规模效率 SE,计算其二者平均值分别为 0.668,0.865,相对来说,纯技术效率比规模效率低了 19.7%,说明全国煤炭使用效率低于煤炭消费的规模效率。

通过表 4.7 可以发现,从全国来看,煤炭消费技术效率(用 TEcrs 表示)最高的地区为北京、上海和广东,这 3 个地区的煤炭效率为 DEA 有效,效率值位于效率前沿面上。这与屈小娥(2009)给出的计算结果基本一致。煤炭消费技术效率较低的 6 个省份分别为吉林、重庆、四川、安徽、江西、宁夏。从煤炭消费纯技术效率(用 PTEvrs 表示)来看,北京、上海、广东、天津、江苏、青海、海南等 7 个省份的纯技术效率 DEA 有效,位于效率前沿面上,说明该 7 个省份的煤炭资源使用效率较高,位于全国前列。纯技术效率相对较高的是山东、宁夏两个省份,分别为0.823,0.898,除此之外,其他省份的煤炭消费纯技术效率都介于0.39～0.71之间,纯技术效率都较低,这也是造成这些省份综合技术效率较低的重要原因。相比之下,各省份的规模效率有所提高,规模效率有效的省份有北京、上海、广东,这三个省份也是技术效率有效的3个地区。而其他地区规模效率除个别省份外相比纯技术效率都有明显提高,规模效率介于0.9～1.0之间的有16个地区。规模效率较低的有宁夏、青海、江苏、海南等4个省份,其规模效率均低于全国煤炭消费规模效率平均水平,这些省份需要在其产业规模、行业规模上进行调整,以提高煤炭等相关资源的规模报酬。

通过以上分析可以看出,决定煤炭综合技术效率的高低的两个主要效率值,纯技术效率和规模效率值的大小直接影响整体技术效率的高低。从全国各地区总体来看,纯技术效率较低,对比每个省份纯技术效率与规模效率值的大小,有3个省份纯技术效率和规模效率相等,而纯技术效率小于规模效率的省份有21个,占所研究地区的70%。因此,从全国总体来说应该提高对煤炭使用的技术创新和科技创新能力,充分发挥煤炭资源的使用潜力。当然,也有6个省份其纯技术效率大于规模效率,有的省份由于规模效率较低导致其煤炭消费综合技术效率较低,以青海省为例,该省纯技术效率位于效率前沿面上(纯技术效率值为1),但其规模效率很低(倒数第一),导致最终的煤炭技术效率很低。

表4.7　中国各地区2009年煤炭效率变动表

地区	TEcrs	PTEvrs	SE	地区	TEcrs	PTEvrs	SE
北　京	1.000	1.000	1.000	河　南	0.466	0.472	0.986
天　津	0.916	1.000	0.916	湖　北	0.542	0.561	0.967
河　北	0.465	0.469	0.992	湖　南	0.555	0.576	0.964
山　西	0.493	0.548	0.900	广　东	1.000	1.000	1.000
内蒙古	0.526	0.573	0.918	广　西	0.494	0.541	0.913
辽　宁	0.429	0.438	0.979	海　南	0.676	1.000	0.676
吉　林	0.381	0.471	0.807	重　庆	0.413	0.471	0.877
黑龙江	0.564	0.612	0.922	四　川	0.408	0.420	0.972
上　海	1.000	1.000	1.000	贵　州	0.531	0.688	0.773
江　苏	0.606	1.000	0.606	云　南	0.446	0.518	0.862
浙　江	0.706	0.708	0.997	陕　西	0.433	0.473	0.917
安　徽	0.367	0.392	0.936	甘　肃	0.470	0.635	0.740

续表 4.7

地区	TEcrs	PTEvrs	SE	地区	TEcrs	PTEvrs	SE
福　建	0.648	0.672	0.964	青　海	0.447	1.000	0.447
江　西	0.407	0.436	0.933	宁　夏	0.417	0.898	0.465
山　东	0.591	0.823	0.719	新　疆	0.520	0.649	0.801
全国	0.564	0.668	0.865				

4.3.2　煤炭消费效率的区域比较分析

根据传统的东、中、西部划分的标准，结合国家近几年提出的重大发展战略，将30个省份分为东部沿海地区、东北地区、中部地区和西部地区，并按划分的四大区域分析其煤炭消费效率，其中，东部沿海地区包括北京、天津、河北、上海、江苏、浙江、福建、山东、广东和海南10个省份；东北地区包括辽宁、吉林和黑龙江3个省份；中部包括山西、安徽、江西、河南、湖北、湖南6个省份；西部包括广西、重庆、四川、贵州、云南、甘肃、青海、宁夏、新疆、内蒙古、陕西11个省份。

按照以上划分方法，统计东部、东北、中部、西部四大地区煤炭消费技术效率、纯技术效率、规模效率的平均值。比较全国和各地区的煤炭消费效率平均值以及每个地区的煤炭消费效率值，可以发现：全国和东部、中部、东北、西部地区煤炭消费技术效率的平均值依次为0.564，0.761，0.472，0.458和0.464。东部地区煤炭消费技术效率高于全国平均水平，西部、中部、东北地区煤炭消费技术效率低于全国平均水平且远远低于东部地区。

四个地区的煤炭综合技术效率东部地区最高，而东北、中部、西部煤炭消费技术效率水平较低，都在0.4左右。而煤炭消费纯技术效率依然是东部地区遥遥领先，西部地区的纯技术效率比东北和中部地区略高，而东北、中部地区水平基本接近。纯技术效率西部高于中部和东北主要由于1999年8月中央提出西部大开发，西部地区的投资环境得到了很大改善，在吸引、利用外资的过程中，西部地区引进、利用外资的机会逐渐增多，在吸引外资带来的先进技术的同时，也大大提高了自身的人力资本水平，技术进步的速度快于东北、中部地区。四大地区煤炭消费的规模效率从高到低依次为中部、东北、东部、西部地区，相对差异明显的煤炭消费纯技术效率，四大地区煤炭消费规模效率差距降低，总体规模效率水平相对较高。分析东部、东北、中部、西部的煤炭技术效率差异的原因，可以从其经济发展水平、产业结构、自然条件等方面探讨其差距的根源。首先东部沿海地区煤炭综合技术效率和纯技术效率最高，东部地区是我国经济发展最早最有活力的地区，不管从资金、人才、技术上，还是在基础设施、投资环境上都要优于东北、中、西部地区，东部地区拥有较大的经济规模、较高的对外开放度，市场化程度较高，人口密度也较大。长期以来，东部地区凭借优越的自然条件、区位优势和政策优惠，经济增长速度一直高于东北以及中、西部地区。2009 年东部地区 GDP 占全国 GDP 的 53.84%，占了全国 GDP 的半壁江山。与经济发展水平的差距相联系，东部、东北、中部、西部四大经济地带的区域产业结构也存在明显差异。20 世纪 90 年代以来，我国东部、东北、中部、西部四个地区产业结构的差异十分明显，东部地区第二、三产业发达，占 GDP 比重逐年增加，2004 年东部十省第二、三产业 GDP 占十省 GDP 总量的 91.08%，2009 年该比重达到 93.45%。而中部六省第二、三产业 GDP 的比重也在不断提高，从 2004 年的 48% 增加到 2009 年的 86.39%，西部地区二、三产业比重从 2004 年的 81% 增加到 2009 年的 86%。虽然中部、西部地区第二、三产业增长速度提高较快，但由于其经济总量在全国比重小，第一产业比重在全国仍然较高。相比之下，东部地区在产业结构调整上变化甚大，尤其是近些年来，东部沿海发达地区城乡居民消费层次、消费水平的提高，东部产业结构调整中相对节能的第三产业比重有所提高，在东部的上海、北京、广东、江苏、浙江等省市，以交通运输仓储和邮政业、信息传输计算机服务和软件业、住宿和餐饮业、金融、房地产等为主体的第三产业发展很快，并逐渐形成规模。中部地区虽然第二产业占有相当的比例，但第二产业的优势仍不明显。东北地区较西部和中部地区煤炭技术效率低下，这主要由于东北是老工业基地，虽然近几年国家进行老工业基地的扶持，但其资源利用效率提高需要一个过程，需要经历一段时间才能有显著提高，进而达到缩小其与东部沿海发达地区的差距。正因为东部、中部、西部、东北地区其经济发展水平、发展基础以及产业结构等方面存在差异，所以相比之下基础较弱的中部、西部、东北地区煤炭消费技术效率较东部地区低，有较大的提升空间。

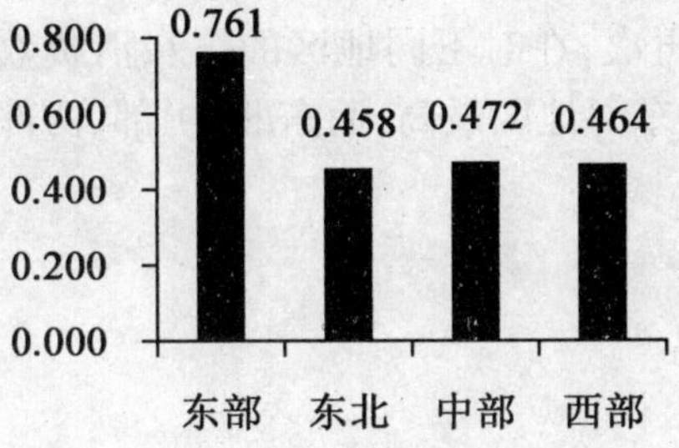

图 4.7　各地区 2009 年煤炭消费技术效率

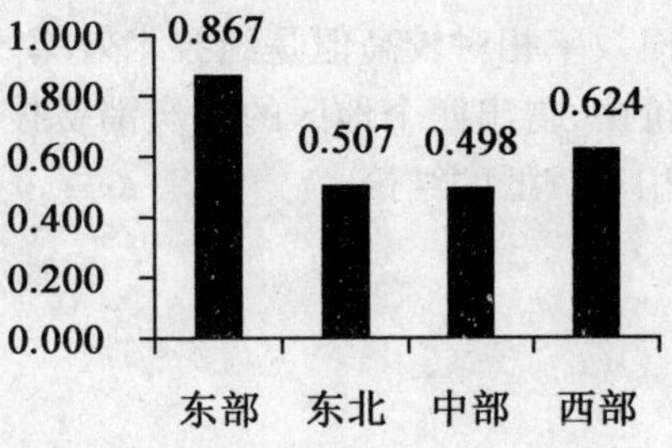

图 4.8　各地区 2009 年煤炭消费纯技术效率

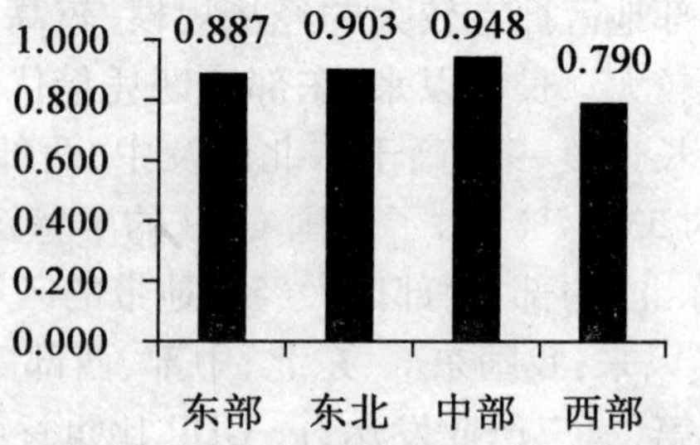

图 4.9　各地区 2009 年煤炭消费规模效率

4.4 本章小结

通过选取工业行业或各省市的工业增加值(或 GDP)、固定资产投入、煤炭消费量、劳动投入量四个变量,利用 DEA 方法分别对我国工业行业和各地区的煤炭消费效率进行评价。首先,在基于时间序列的工业行业总体煤炭消费效率评价中,得出我国工业行业总体煤炭消费技术效率和规模效率有逐年上升的趋势,而纯技术效率变动不大的结论。其次,在基于面板数据的工业行业煤炭消费效率评价中,得出如下结论:电力燃气的生产和供应业的煤炭消费技术效率最低,主要是由于其规模效率较低造成的;重工业的煤炭消费技术效率较低主要是由于其纯技术效率较低造成的;采掘业的煤炭消费技术效率较低主要是纯技术效率与规模效率二者均不高造成的;轻工业是煤炭消费技术效率最高的行业,其规模效率相对较高但是纯技术效率不高。再次,在对不同地区的煤炭消费效率评价中,得出四个地区的煤炭消费技术效率东部地区最高,而东北、中部、西部地区相对较低的结论。

第5章　主要耗煤行业的煤炭消费效率优化研究

通过对各个工业行业煤炭消费效率与工业行业煤炭消费结构的对比分析，选择重点耗煤行业进行煤炭消费效率优化研究，利用 Tobit 模型对影响重点耗煤行业煤炭消费效率的影响因素进行分析，根据模型运行结果寻找影响各个行业煤炭消费效率提高的主要因素，提出主要耗煤行业煤炭消费效率优化的途径及方法。

5.1　工业行业煤炭消费效率与消费结构的对比分析

中国特殊的能源资源禀赋条件，决定了中国的能源消费结构以煤为主，煤炭成为支撑中国经济高速发展的重要资源。从 1978～2009 年历年能源消费结构可以看出，煤炭占能源消费比例按照发电耗煤计算法计算均保持在 70% 左右，有的年限略低于 70%，有的年限略高于 70%。虽然煤炭消费比例保持稳定，但是随着经济发展，煤炭消费总量一直呈上升趋势。在煤炭消费的具体分配中，其中第一产业与第三产业煤炭消费量占煤炭消费总量的比例逐年降低，1995 年为 14.29%，2000 年第一、三产业消费比例仅占 9.03%，2009 年降为 5.17%。而第二产业煤炭消费总量 2000 年以后则占 90% 以上，第二产业的工业在 2000 年以后煤炭消费比例占全国煤炭消费总量的 90% 以上。

从表 5.1 数据可以看出，我国煤炭消费比例的居高不下，煤炭消费总量的持续增长，都和工业行业煤炭消费总量过多有直接联系。第 4 章，对中国工业行业的 32 个行业的煤炭消费效率进行了研究，发现中国工业行业煤炭消费效率低下，煤炭资源浪费比较严重。研究工业行业煤炭消费效率，对提高中国整体能源消费效率，以及建设资源节约型、环境友好型社会具有举足轻重的作用。目前我国煤炭的生产量并不能满足经济发展的需要，如何实现煤炭在各产业间的合理配置，尤其是在主要耗煤行业的合理配置，以保证国民经济的持续、快速、健康发展是目前急需解决的重要问题。因此,研究主要耗煤行业的煤炭消费效率优化具有重要的现实意义。

表 5.1 中国各产业煤炭消费比例①

年份 用煤比例	1995	2000	2005	2006	2007	2008	2009
第一产业	1.35	0.66	0.65	0.59	0.56	0.54	0.53
工业	85.40	90.58	92.94	93.51	93.93	94.48	94.61
第二产业	85.72	90.96	93.21	93.77	94.16	94.69	94.83
第三产业	12.94	8.37	6.14	5.65	5.28	4.77	4.64

根据 32 个工业行业实际煤炭消费量,计算其 1999 ~ 2009 年各行业煤炭消费平均值,并计算该值占工业全行业用煤比例,根据各行业用煤占工业行业整体用煤的比例和行业煤炭消费效率绘制图 5.1。从图 5.1 可以看出,煤炭消费在工业行业集中体现在部分行业上,主要为煤炭开采和洗选业(H1)、石油加工炼焦及核燃料加工业(H16)、化学原料及化学制品制造业(H17)、非金属矿物制品业(H22)、黑色金属冶炼及压延加工业(H23)、电力热力的生产和供应业(H30)等 6 个行业。这 6 个行业煤炭消费总量较大,高于其他 26 个行业,而煤炭消费效率却无一例外的较低,均位于行业平均水平以下,应该说是位于 32 个行业最低煤炭消费效率水平上,都徘徊在 0.2 左右。较高的煤炭消费量与较低的煤炭消费效率形成了鲜明的对比,这无疑也给我们提出一个降低煤炭消耗、提高煤炭消费效率的研究方向,就是加强对高耗煤行业的煤炭消费效率优化的研究,从高耗煤行业煤炭消费效率的影响因素研究入手,进而寻找提高煤炭消费效率的途径和方法。

① 资料来源:根据《中国能源统计年鉴》2010 数据整理。

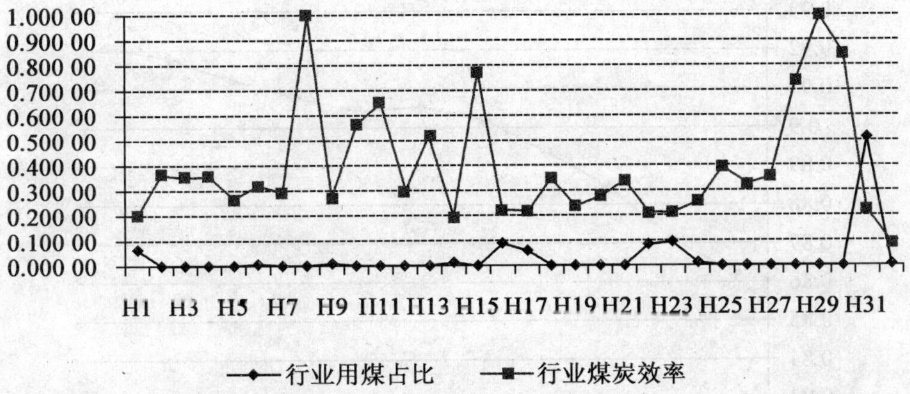

图 5.1 中国工业行业用煤比例与煤炭效率对比图

5.2 基于 Tobit 模型的煤炭消费效率优化研究

前述通过 DEA 模型测度的工业行业煤炭消费效率，是根据预先设定的投入－产出指标计算得来，然而由于经济环境的复杂性，煤炭消费效率不仅受投入－产出指标的影响，同时还会受到指标以外的经济环境因素的影响。借鉴唐玲、杨正林(2009)、王秋彬(2010)寻找能源效率差异的影响因素方法“两步法”(Two－stage Method)，对影响高耗煤行业的煤炭消费效率的影响因素进行研究，寻求煤炭消费效率优化的途径。该方法第一步采用 DEA 方法测量出决策单元的煤炭消费效率值，第二步以第一步中得出的效率值作为因变量，以煤炭消费效率影响因素作为自变量建立回归模型。由于工业行业煤炭消费以主要耗煤行业为主，如图 5.2 所示，并结合前面分析可以看出，6 个主要耗煤行业的煤炭消费总量占工业行业总耗煤比重均在 86% 以上，为准确地判断主要耗煤行业煤炭消费效率的影响因素，本书将选择 32 个细分工业行业中的 6 个主要耗煤行业进行有针对性的分析，6 个主要耗煤行业分别是黑色金属冶炼及压延加工业、石油加工炼焦及核燃料加工业、化学原料及化学制品制造业、非金属矿物制品业、电力热力的生产和供应业、煤炭开采和洗选业。

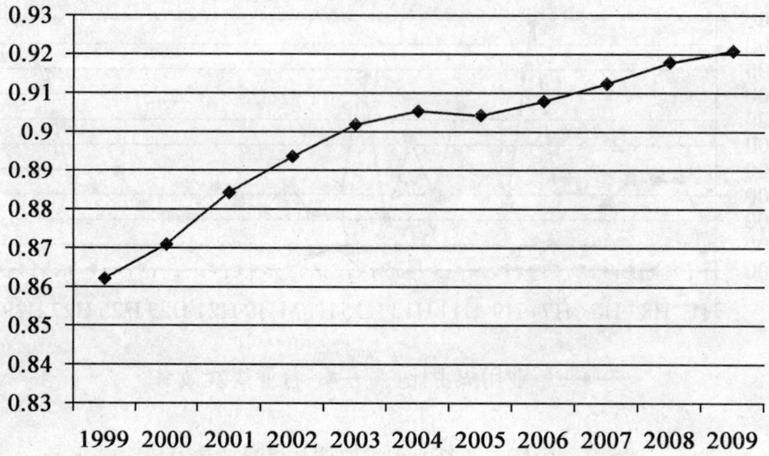

图 5.2　中国主要耗能行业煤炭消费占工业行业耗煤比重

5.2.1　基本理论与模型设定

研究各主要耗能行业能源消费效率的影响因素，以往大多数研究者使用单位 GDP 能耗作为被解释变量。本书研究煤炭消费效率的影响因素，将转换一个视角，利用前面 DEA 算法计算的煤炭消费技术效率值作为被解释变量，影响煤炭消费效率的诸多变量作为解释变量，构建模型来进行创新性研究。由于 DEA 计算得到的煤炭效率值大小为(0,1]，该数值是一个被截断的数据，若仍然以第 3 章煤炭消费影响因素分析所采用的最小二乘法估计影响程度，一定会降低计算结果的信度和效度，带来估计参数的有偏和不一致。受限因变量模型 Tobit 模型是因变量受到限制的回归分析法，正好符合本书研究的因变量数据被截断的情况，因此本书采用 Tobit 模型回归比较合适。

根据高铁梅(2009)，有下面的潜在因变量回归模型

$$y_i^* = x_i'\beta + \sigma u_i \quad i = 1, 2, \cdots, N \tag{5.1}$$

式中，σ 是比例系数；y^* 是潜在变量，被观察数据 y 与潜在变量 y^* 的关系如下：

$$y_i = \begin{cases} 0, 若\ y_i^* \leqslant 0 \\ y_i^*, 若\ y_i^* > 0 \end{cases} \tag{5.2}$$

该模型并不是把未观测到的 y_i^* 小于 0 的数值简单删除，而是把所有小于或等于 0 的值定义为 0 值，把这些数据在 0 处进行了左截断(审查)，模型称为规范的审查回归模型，也称为受限因变量模型，简写为 Tobit 模型。

更一般的，可以任意有限点的左边和右边截取(审查)，即

$$y_i=\begin{cases}\underline{c_i}, 若\ y_i^* \leqslant \underline{c_i} \\ y_i^*, 若\underline{c_i} < y_i^* < \overline{c_i} \\ \overline{c_i}, 若\overline{c_i} \leqslant y_i^*\end{cases} \tag{5.3}$$

式中，$\underline{c_i}$，$\overline{c_i}$代表截取（审查点），是常数值，如果没有左截取（审查点），可以设为$\underline{c_i}=-\infty$，如果没有右截取（审查）点，可以设为$\overline{c_i}=\infty$，规范的 Tobit 模型是具有$\underline{c_i}=0$ 和$\overline{c_i}=\infty$ 的一个特例。

由于煤炭消费效率高低受多种因素影响，鉴于目前中国正处于体制转型、工业化进程和城市化进程加快的历史时期，结合其他学者对能源效率影响因素的研究成果以及本书前面的研究，本书选择科技支出、煤炭价格、工业内部结构、工业行业煤炭消费比重、工业行业的企业规模、工业化水平等影响因素来展开实证分析。

（1）科技支出（β_1）：也可称为技术进步指标，主要是反映节能技术水平的数据，选择国家技术创新方面的科技支出数据，其中 1999～2006 年数据为国家财政主要支出项目中的挖潜改造资金和科技三项费用，2007，2008，2009 年数据为科学技术支出，并根据数据计算科技支出增长率指标。

（2）煤炭价格（β_2）：选取 1999～2009 年煤炭出厂价格指数，并统一折算为 1999 年不变价格，以衡量煤炭价格变动情况。

（3）工业内部结构（β_3）：用重工业行业的增加值占工业企业总体增加值的比重来表示，衡量重工业比重对煤炭消费效率的影响程度。

（4）工业行业煤炭消费比重（β_4）：用主要耗煤行业煤炭消费占工业行业总耗煤比重来表示。

（5）工业行业的企业规模（β_5）：用主要耗煤行业的大中型工业企业的工业总产值和企业数之比来表示，并把各行业规模与 1999 年行业规模比较，计算其行业规模变动指数，以衡量各行业规模变动情况。

（6）工业化水平（β_6）：发达国家在工业化进程中消耗了全球已探明能源的 70% 和其他矿产资源的 60% 的传统工业化道路，在生产力发展的同时，也付出了过量消耗资源的代价。因此，后发国家在其工业化过程中难免会面临巨大的资源瓶颈。由于产业就业人员比例可以判断工业化所处阶段以及水平，因此，选择第一产业就业人员占全部就业人员比例反映工业化水平。

研究样本为中国工业行业的六个主要耗煤行业，时间跨度为 1999～2009 年，相关数据来源于各年《中国统计年鉴》和《中国能源统计年鉴》。

表 5.2　第一产业就业比例与工业化阶段①

第一产业就业人员占全部就业人员比例	工业化阶段
50% 以上	工业化初期
30% 左右	工业化中期
20% 以下	工业化后期

5.2.2　模型运行结果分析

首先利用所有的 6 个解释变量进行第一次回归,然后利用第一次回归中在 10% 或更好显著水平上的解释变量进行第二次回归。模型的回归结果见表 5.3。

通过计算,得出 6 大主要耗煤行业的煤炭效率与其影响因素的关系。结果显示,6 个行业受各影响因素的影响程度和影响方向既有共性也有差异。共性方面主要是煤炭价格、科技支出(技术进步)、工业内部结构、企业规模对 6 个主要耗煤行业的煤炭消费效率的影响。差异主要体现为每个工业行业煤炭消费比重、工业化水平对 6 个主要耗煤行业煤炭消费效率的影响。以下分别加以说明:

首先,共性的方面体现在四方面,其一是煤炭价格对 6 大工业行业的影响都是明显的正向作用,分析其原因主要是在期望产出煤炭消费效率评价中,当煤炭价格提高,其会影响工业生产的投入成本,促使其降低煤炭消费总量进而提高煤炭消费效率。若产出指标除了考虑了期望产出即工业增加值,还考虑非期望产出,如工业废水、废气、废渣等的污染,并对排污企业针对排污量的多少收取费用,则排污价格的提高同样也会使工业行业降低排污量,进而提高煤炭消费效率。

其二是科技支出(技术进步)对煤炭消费效率的影响,科技支出对 6 个主要耗煤行业煤炭效率的影响均是正向的,说明科技支出对于 6 大行业的煤炭效率具有显著的提升作用。但有的行业影响显著,有的行业影响不显著,其中对煤炭开采和洗选业、石油加工炼焦及核燃料加工业、化学原料及化学制品制造业的煤炭效率影响显著,而对非金属矿物制品业、黑色金属冶炼及压延加工业、电力热力的生产和供应业的影响不显著。科技支出每增加一个单位对石油加工、炼焦及核燃料加工业的影响最大,系数在 0.281 ~ 0.294 之间;化学原料及化学制品制造业次之,在 0.132 ~ 0.136 之间;煤炭开采和洗选业在 0.118 ~ 0.148 之间;

① 资料来源:史忠良,吴家俊. 中国产业发展与企业改革[M]. 北京:经济管理出版社,2001.

非金属矿物制品业的影响系数为0.040；黑色金属冶炼及压延加工业影响系数为0.106；电力热力的生产和供应业影响系数为0.090。从科技支出对煤炭消费效率的影响程度可以看出，虽然工业行业煤炭消费效率受科技支出的影响是正向的，但由于不同行业受科技支出影响的影响程度不同，也体现了不同行业在科技支出方面存在差异，且可以通过科技支出的投入来提高煤炭消费效率，尤其是影响显著的三个行业。

表5.3　中国主要耗煤行业煤炭效率变化影响因素的Tobit估计结果

参数	H_1		H_{16}		H_{17}	
截距	1.258 (0.589)	1.102 (0.418)	0.195 (0.323)	0.225 (0.318)	0.392 (0.482)	0.233 (0.061)
β_1	0.148 * (0.109)	0.118 * (0.107)	0.281 * * * (0.066)	0.294 * * (0.061)	0.132 * * (0.060)	0.136 * * * (0.042)
β_2	0.187 * * (0.090)	0.186 * * (0.085)	0.494 * * (0.050)	0.486 * * * (0.047)	0.174 * * * (0.049)	0.186 * * * (0.034)
β_3	-0.062 (0.602)		-3.702 * * (0.415)	-3.650 * * (0.403)	-0.019 (1.066)	
β_4	-1.808 (1.588)		-8.183 * * * (1.484)	-8.108 * * (1.477)	3.157 * (2.591)	1.786 * (0.994)
β_5	0.009 (0.040)		0.012 (0.022)		0.062 * (0.042)	0.033 * * * (0.009)
β_6	-1.595 * * * (0.682)	-1.479 * * (0.687)	3.18 * * * (0.491)	3.179 * * * (0.491)	0.957 (1.087)	
参数	H_{22}		H_{23}		H_{31}	
截距	0.091 (0.325)	0.329 (0.085)	0.876 (0.656)	1.256 (0.378)	0.391 (1.485)	0.386 (1.061)
β_1	0.040 (0.063)		0.106 (0.107)		0.090 (0.280)	
β_2	0.133 * * (0.065)	0.060 * * * (0.008)	0.272 * * * (0.105)	0.255 * * (0.108)	0.295 * (0.180)	0.260 * (0.149)
β_3	-0.979 * (0.626)	-0.210 * (0.153)	-1.533 * * * (0.429)	-1.615 * * * (0.439)	-6.066 * * * (1.637)	-6.308 * * * (1.490)

续表 5.3

参数	H_{22}		H_{23}		H_{31}	
β_4	1.124 * * (0.468)	0.828 * * * (0.231)	6.361 * (4.048)	8.503 * * (3.443)	-1.392 * (1.210)	-1.640 * (0.911)
β_5	0.068 (0.052)		0.061 * (0.051)	0.069 * (0.047)	0.007 (0.060)	
β_6	1.184 (0.967)		-0.235 (0.565)		-3.661 * (2.538)	-3.682 * * (1.336)

注:括号内为标准误,*,* *,* * *分别表示在10%,5%,1%统计水平上显著。

其三是工业内部结构对工业行业煤炭消费效率影响均是负向的,即重工业比重提高会使工业行业煤炭消费效率降低,但各行业影响程度大小不一。其中煤炭开采和洗选业、化学原料及化学制品制造业受重工业比重影响的系数不显著,分别为0.062,0.019。其余四个行业石油加工炼焦及核燃料加工业、非金属矿物制品业、黑色金属冶炼及压延加工业、电力热力的生产和供应业的负向影响显著。其中,石油加工炼焦及核燃料加工业的影响系数为3.650~3.702,即重工业比重提高1个单位,将使该行业煤炭消费效率降低3.650~3.702个单位。非金属矿物制品业的影响系数为0.210~0.979,表示重工业比重提高1个单位,将使该行业煤炭消费效率降低0.21~0.979。黑色金属冶炼及压延加工业的影响系数为1.533~1.615,即重工业比重提高1个单位,将使该行业煤炭消费效率降低1.533~1.615个单位。而工业内部结构对电力、热力的生产和供应业的影响最大,其系数为6.066~6.308,即重工业比重提高1个单位,将使该行业煤炭消费效率降低至少6个单位。重工业是高耗煤行业,其所占工业内部比重直接关系到整个工业行业煤炭消费效率的高低,重工业比重的提高是造成高耗煤工业行业煤炭消费效率较低的重要因素。中国工业部门的扩张不是由自身的技术结构升级引起的,而是由重型化的高耗能产业投资膨胀引起的。这导致了中国在过去及未来相当长的一段时间内工业发展保持着能源密集型的生产特性。如此刚性且不断持续增长的高耗能工业结构,使得工业生产中以煤炭为主的化石能源不容易被其他生物能源及生产要素所替代,从而使工业行业乃至全国整体上的煤炭消费效率较低。因此,为提高煤炭消费效率应降低重工业在中国工业行业的比重,进而降低煤炭消耗,增加生物能源的使用,从根本上改变中国的能源消费结构,否则煤炭消费效率的提高只能是一句空话。

其四是企业规模对主要耗煤行业煤炭消费效率的影响均为正向。企业规模是决定煤炭利用效率的一个重要因素,煤炭作为生产过程中的一大投入要素,其使用同其他要素一样存在着规模收益特征。一般情况下,企业规模的扩大,将会带来煤炭使用效率的增加,有助于设备潜能的发挥以及能源更加集约化。但当企业规模扩大到一定阶段后,随着企业规模的扩大,企业内部的复杂性增强,若企业内部的生产经营管理没有随之完善,这种内部结构复杂性会消耗大量煤炭和其他资源,这种消耗会抵消规模扩大带来的好处,使得规模效益大大降低,甚至产生规模不经济(涂正革、肖耿,2005)。6大行业的企业规模对煤炭消费效率影响有4个行业不显著,只有化学原料及化学制品制造业、黑色金属冶炼及压延加工业的影响显著,影响系数为0.033~0.062,0.061~0.069,并且均为正向,说明两行业均应扩大规模以提高其煤炭消费效率。其余4个行业,其煤炭效率与企业规模影响关系不显著,影响均为正向的。关于黑色金属冶炼及压延加工业应扩大规模提高效率,主要原因如下:近年来,我国钢铁行业发展迅猛,行业规模不断扩大,但目前我国钢铁产业发展还存在很多问题,如铁矿石资源对外依赖程度较高,钢铁企业数量增加过快,重复建设严峻,多数产品规模水平偏低,大企业规模优势体现不明显,主要钢铁产品集中度不断走低,产能扩张没有带来规模效应的同步晋升,等等。因此,我国钢铁行业的发展不应光是企业数量的扩张,而应从企业整体规模的扩大和企业实力的提高寻找出路,应尽快淘汰落后的工艺装备和产能,增强核心企业的竞争力。关于化学原料及化学制品制造业应扩大规模以提高其煤炭效率,主要原因如下:世界已进入能源和化工原料多元化的时代,以煤炭为原料生产化学品和通过转化生成高效洁净能源(电力、燃料油等)技术的不断进步,将使煤化工与石油和天然气化工形成并列竞争的趋势,煤化工在各项成熟技术的支撑下,面临新的发展机遇。我国资源禀赋条件为石油资源短缺、煤炭资源相对丰富,因此,发展煤化工产业既发挥我国煤炭资源优势,又可弥补我国油、气不足的问题和对化工产品的市场需求,对于保障我国能源安全,促进经济的可持续发展具有重要意义,符合我国长远利益。"十一五"期间我国煤化工产业继续保持快速增长态势,产业规模不断扩大,产量大幅度提升,传统煤化工产品焦炭、电石、煤制氮肥和煤制甲醇的产量已稳居世界第一,现代煤化工蓬勃发展。然而我国煤化工行业仍然存在盲目规划项目,布局分散,资源利用(配置)不合理等问题,为提高煤化工行业煤炭消费效率,应扩大现有企业生产规模整合资源优势,淘汰落后生产工艺,优化原料路线,以节能、降耗、减排为目标,优化产业布局。我国煤炭行业形成了"多、小、散、乱"的格局,导致了资源浪费、环境恶化、矿难频发、腐败滋生等一系列问题。有效进行资源整合是中国煤炭工业现代化发展的重要基础,只有建立大型现代化煤矿才能提高煤炭产业集约化的生产能力,促进中国煤炭工业技术水平的提高,也就是通过规模扩大来提高煤炭采选业的煤炭消费效率。石油加工炼焦及核燃料加工业、非金属矿物制品业、电力热力的生产和供应业的行业规模对煤炭消费效率影响不显著,但都是正向影响,也就是说行业规模扩大都会给上述三个行业带来好处,但影响程度不大。

其次,差异体现为其他2个影响因素对6大行业的影响程度和影响方向不同。每个行业煤炭消费比重对工业行业煤炭消费效率的影响有的呈正向,有的成负向。也就是说为了提高煤炭消费效率,有的行业需要降低其煤炭消费比重,而有的行业需要提高其煤炭消费比重。这与预期所有工业行业煤炭消费比重应与煤炭消费效率成反向变动。解释其原因如下:首先,国家发展和产业政策调整的需要,有的行业重点发展则其应提高煤炭消费比重,有的行业由于其效率太低应缩减其消费份额;其次,有的行业的煤炭消耗具有较强的刚性,且不容易被其他能源替代,因此,虽然其消费效率较低但为使其消费效率提高仍应提高其煤炭消费比重,也就是说这些行业的煤炭消费效率与煤炭消费比重成正向变动。影响程度大小,除了煤炭开采和洗选业的影响不显著外,其他5个行业的影响均显著。影响较大的是石油加工炼焦及核燃料加工业,其负向影响系数为8.108~8.183。黑色金属冶炼及压延加工业的正向影响系数也较大,为6.361~8.503,也就是说该行业的煤炭消费比重与煤炭消费效率成正向变动。化学原料及化学制品制造业的煤炭消费比重与煤炭消费效率也成正向关系,并且其系数也较大影响显著,为1.786~3.157,也就是说该行业煤炭消费比重每提高一个单位,煤炭消费效率将提高1.786~3.157个单位,因此,为提高该行业煤炭消费效率应提高其煤炭消费在工业行业中的比重。非金属矿物制品业煤炭消费比重对煤炭消费效率的影响也是正向的,且影响显著,系数为0.828~1.124。需要减少其煤炭在工业中的消费比重的行业是煤炭开采和洗选业、石油加工炼焦及核燃料加工业、电力热力的生产和供应业,但煤炭采选业的影响不显著。工业行业的煤炭消费结构的优化是一个长期的过程,尤其是高耗煤行业,其生产结构和技术结构短时间内难以改变。因此,要提高整个工业行业的煤炭消费效率需要一个调整的过程,但从分析结果看出,这个调整首先应从工业内部调整开始,重点耗煤行业煤炭消费比重的调整就是一个重要调整。

最后一个影响因素是工业化水平对工业行业煤炭消费效率的影响。可以看出,各行业煤炭效率与工业化水平的关系分为正向和负向。其中煤炭采选业、石油加工炼焦及核燃料加工业、电力热力的生产和供应业影响系数显著。而煤炭采选业随着工业化推进,煤炭消费效率降低。而石油加工炼焦及核燃料加工业随着工业化推进,煤炭消费效率提高。电力热力的生产和供应业随着工业化推进,煤炭消费效率降低。其他三个行业影响系数不显著,但影响方向不同,化学原料及化学制品制造业、非金属矿物制品业影响正向,黑色金属冶炼及压延加工业影响反向。工业化的推进对不同行业的影响不同,说明随着工业化推进,煤炭消费效率提高的行业已经逐步降低对煤炭的刚性需求,随着工业生产技术提高,刚性耗能技术结构逐步改变。而煤炭消费效率与工业化变动反向的行业恰恰相反，说明此类行业随着工业化推进，该行业的高耗能刚性结构难以改变，行业发展是以高耗能为代价的发展，这也是西方国家工业化曾经出现过的现象，此现象的改变需要时间和多方面的配合。

5.3　本章小结

通过对 32 个工业行业煤炭消费效率和其煤炭消费比重的对比分析，确定研究对象为六大主要耗煤的工业行业。并利用 Tobit 模型选择技术进步（科技支出）、煤炭价格、工业内部结构即重工业比重、工业行业耗煤比重、企业规模、工业化水平等因素为解释变量，通过计算分析得出各影响因素对不同行业的影响程度不同，其中技术进步、企业规模、煤炭价格对六大行业的煤炭消费效率的影响均为正向的，重工业比重对六大行业煤炭消费效率的影响均为负向的，行业耗煤比重、工业化水平对煤炭消费效率影响为三个行业负向，三个行业正向。并在分析中根据影响因素对不同耗煤行业煤炭消费效率的影响不同，提出优化煤炭消费效率的方向和途径。

第6章　提高煤炭消费效率的对策及建议

根据前述煤炭消费影响因素分析、消费效率评价及消费效率优化分析的结果,并结合我国现有的资源条件和所处的经济发展阶段,从科技投入、技术研发、能源开采、经济增长方式、政府政策等方面提出优化煤炭消费提高煤炭消费效率的对策建议。

6.1　提高能源研发投入,推广洁净煤技术

为完成“十二五”规划中提出的关于建设资源节约型、环境友好型社会的设想,结合前述关于科技支出对于煤炭消费及其效率的影响分析,可以看出要真正实现中国经济的可持续发展,能源产业走自主创新的科技发展之路是必然选择,而目前我国能源产业自主创新能力仍然较低,尤其是改革前由国家集中控制的行业 R&D 水平仍然较低,创新仍明显滞后。

为强化科技创新能力,就应该增加研发投入,而据统计目前我国能源行业规模以上工业企业研发投入仅占全国研发总经费的不到5.21%,能源研发投入极低,极大地影响了节能开发技术的开发力度。伴随着工业化的逐步推进,煤炭在工业行业消耗浪费严重,带来的环境问题也日益严峻,造成此类现象的一个重要因素是煤炭使用技术落后。目前,国际上在推广使用洁净煤技术,该技术是解决煤炭燃烧所带来的环境污染问题和平衡能源结构的重要技术。1985年,美国和加拿大关于解决两国边境酸雨问题谈判的特使德鲁·刘易斯(Drew Lewis,美国)和威廉姆·戴维斯(William Davis,加拿大)率先提出了洁净煤(Clean Coal)的概念。洁净煤技术(Clean Coal Technology),简称CCT,它的核心思想是强调在煤炭开采、煤炭加工、煤炭燃烧、煤炭转化等方面降低煤炭消耗和污染物排放。由于洁净煤技术中的先进燃烧技术、工业锅炉技术、矿区生态环境技术、煤基多联产技术等的应用,可以提高煤炭消费效率、降低环境污染、丰富能源供应渠道,

当前,美国、日本、澳大利亚、加拿大、韩国、波兰等国家都致力于洁净煤技术的研究和使用。

一般的,洁净煤技术主要由从开采到使用的相关技术构成,具体指洁净开采技术、燃前加工与转化技术、燃中处理及集成技术和燃后处理技术。在我国实施洁净煤技术可以有效控制中国目前环境方面的温室气体排放问题和污染物排放问题,可以降低对国外石油的依赖,也可以提高我国能源的使用效率。我国政府在推广洁净煤技术方面也做了很大的努力,从政策和资金方面给予了一定的支持,在"九五""十五"期间均把该项技术列为国家规划目标,在洁净煤技术领域也产生了一批领先世界水平的关键技术,但要实现洁净煤技术的产业化还远远不足。

洁净煤技术贯穿于煤炭从开采到使用后的全过程,由于其涉及范围广,推广周期长,我国目前在洁净煤技术推广过程中也存在诸多问题。首先,落后产能制约技术推广。由于我国处于经济发展的初级阶段,环境成本较低,而洁净煤技术投资大、风险大,导致大量落后产能不容易被淘汰,制约了洁净煤技术的发展;其次,技术投资薄弱。由于民间资本分散,以及技术本身的风险,导致民间资本投资该技术的甚少,仅凭国家之力来推广该技术很难短时间内在全国推广。因此,除号召民间资本投资并应用该技术外,也应对投资该技术的企业给予一定政策支持,以激发其投资兴趣。最后,政策和行业标准模糊。国外针对不同行业用煤,均有明确的用煤标准,以实现煤炭的高效使用。因此,针对不同行业的企业不同设备的用煤差异,政府应出台相关政策规定用煤标准,供销售的煤炭也应明确标识其应用对象和范围,这样才能规范和推广洁净煤技术的使用。

6.2 加大替代能源的开发力度

6.2.1 加大石油天然气开发力度

近年来,经济高速发展带动石油消费的增加,我国由于石油资源的限制,对石油的进口也随之增加,石油进口量从2000年开始一路飞涨,到2008年石油进口量已经超过本国石油生产量。石油需求依赖国外供给,这对于我国经济长远发展不利,为了摆脱对国外石油的依赖,应加强对本国石油的开采。

据《2006~2009年全国油气矿产储量通报》数据显示,"十一五"期间,我国加强对油气的开发力度,石油天然气勘探也颇有成效,如图6.1,6.2,2006~2009年四年间新增石油探明地质储量超越"十五"期间总和44亿吨,天然气新增探明地质储量四年累计略低于“十五”期间总和2.6万亿立方米，新增探明地质储量超过亿吨的大油田8个。

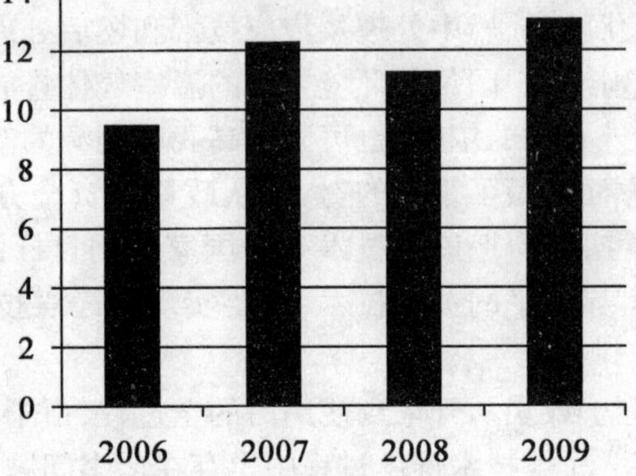

图6.1 中国新增石油探明储量（亿吨）

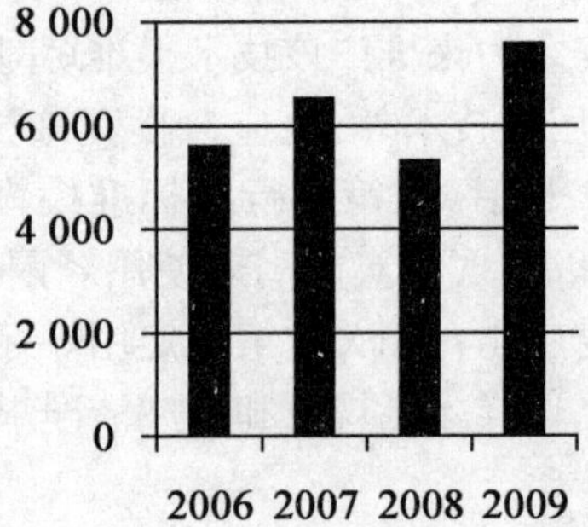

图6.2 中国新增天然气探明储量（亿立方米）

截至2009年底，我国石油累计探明地质储量达到302.38亿吨，剩余技术可采储量约占比重为10.19%，天然气累计探明地质储量86 808.89亿立方米，剩余技术可采储量约占比重为44.49%①。石油、天然气新增探明地质储量以及剩余可采储量主要分布在老油区和老油区周边、西部地区以及海域（主要渤海和南海），未来这些地区将成为中国油气开发的重点。虽然石油和天然气开发力度“十一五”期间较“十五”期间有所增加，但是相对中国经济发展对于能源需求的增加速度而言，其开发力度仍显不足，尤其是天然气的开采程度较低。未来我国要降低煤炭消费比重，必定要增加天然气等非化石能源的消费比重，因此，一

① 数据来源于中国国土资源网2010。

方面加大对天然气的开发，另一方面应通过煤改气、油改气、气发电等，来提高天然气在一次能源消费结构中的比例，使之在替代煤炭消费方面发挥重要作用。

6.2.2　积极开发可再生能源

可再生能源是相对于煤炭等不可再生能源而言，主要指那些能够再生，能源本身可以直接作为能源使用或通过转化成其他能源使用的能源，如水能、风能、太阳能、生物质能、地热能等能源。为保证能源供应安全和降低环境负担，各国政府都大力提倡可再生能源的使用，对可再生能源的技术研发也给予较大支持。

6.2.2.1　水能

水能是我国重要的可再生能源之一，水能是通常通过水力发电来实现的能源。由于水利发电的成本低、可连续再生、无污染等优点，水能成为被世界各国推崇的重要清洁能源。然而水能由于其需要水资源配合，因此其作用发挥受水文、气候、地貌等自然条件的限制大，有一定的区域性，不能大范围开展。我国幅员辽阔，地形落差大，降水量丰富，众多河流蕴藏着丰富的水能资源，具备开发水能的地理优势和资源条件。在地理分布上，西南地区水能资源丰富，中南、西北地区次之，华东、东北、华北三大地区最少。河流水能资源总量为 6.77 亿千瓦，技术可开发水能资源的装机容量 2.53 亿千瓦时，水能资源总量和技术可开发总量均占世界第一名。

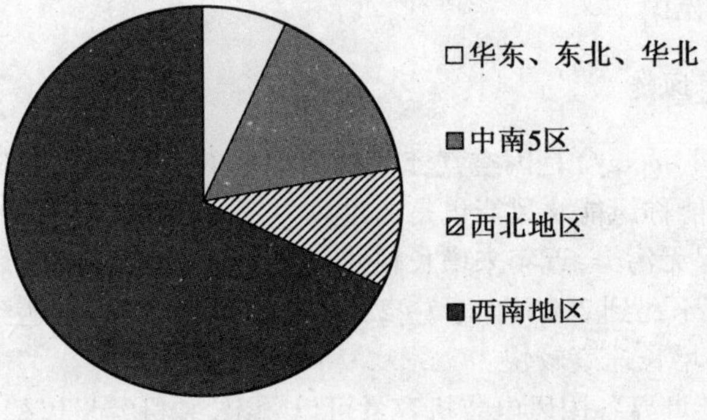

图 6.3　中国可开发水能地理分布图

广义的水能除了上述河流水能以外，还包括海洋所产生的能量，如温差能、潮汐能、波浪能、海流能、盐差能、离岸风能等。海洋能也是通过发电形式实现的能源，它也是非常重要的一种清洁、可再生能源。我国管辖海域面积在世界海洋大国中名列第 5 位，海洋能也是比较丰富的一种可再生能源。我国海洋能源按照其类别不同，资源量也有所差别，其中潮汐能约为 2 200 万千瓦，分布在福建和浙江沿海一带；海流能可开发资源量约为 1 400 万千瓦，主要分布在浙江、福建、辽宁沿岸一带；波浪能可开发资源量为 1 300 万千瓦，分布较分散，主要分布在台、浙、闽、粤、鲁几个地区；温差能是我国海洋能中最为丰富的，可开发资源量约为 13 亿千瓦，主要来源于海域表、深层的温差；离岸风能可开发量约为 7.5 亿千瓦，相当丰富，仅次于温差能，比陆上风能多了近 2 倍；除此之外，海洋中丰富的藻类等生物，适合开发海洋生物质能源①。

总体来看，我国海流能、温差能资源丰富，能源密度位于世界前列，潮汐能位于世界中列，而离岸风能、生物质能、波浪能也具有巨大的开发价值。在海洋能的开发方面，我国虽然起步较晚，但目前已有一定的技术积累，有些技术和设备已向国外出口，位于世界先进水平。但仍存在一定的问题，如海洋能开发技术不全面，温差能和盐差能的技术较少，能源转换和稳定的技术尚不完善，等等。诸多问题形成我国海洋能发电成本依然很高，电能不稳定等现状。参考美、英、日等发达国家，均以不同形式制定了海洋能发展中长期规划，如日本的“阳光”计划、英国的《海洋能源行动计划》、美国提出的“提高美国海洋能产业国际地位的海洋政策及其实施战略的备忘录”等。2014 年，国家海洋技术中心出版了《中国海洋能技术进展 2014》，对海洋能的发展政策、战略规划资金支持、公共支撑服务系统建设、国际进展与合作等进行了全面阐述。综上，我国具备得天独厚的河流资源和海洋资源，很好地开发包括海洋能在内的水能资源，使我国水能资源能够得到充分开发，对于调整我国能源结构，缓解石油供应紧张，降低煤炭消费比重将具有重要作用。

6.2.2.2 风能

风能（wind energy）是因空气流做功而形成的一种可利用的能量，因此把空气流具有的动能称风能。风能也是通过风力发电转化为电能来实现其能源价值的，由于其环保无污染，近年来增长较快，如图 6.4，全世界累计风电装机容量从 1996 年 607 万千瓦到 2006 年的 7 422 万千瓦，年均增长率达到 28.45%，其中 1998 ~2001 年增长速度较快。

从 2005 年世界各国风电装机容量可以看出，装机容量以德国、西班牙为首，两国风电装机容量占全世界的 48%，接近半数，其他国家总和为 52%。由此可以看出，风电在世界各国虽然普及较好，但是各国差距较大。

我国的风力资源极为丰富，东北、西北、西南、东部沿海地区风力较大，这些地区尤其适合风力发电。虽然具备风力发电的良好资源，但从目前中国风力发

① 电监会资质管理中心魏青山《我国海洋能开发的现状、问题和建议》。

电的情况来看,虽有进展但是速度缓慢,2005 年中国风力发电装机容量仅占世界的 2.1%,我国风力发电规模还远远不及欧美国家。然而,随着国家对风能的政策支持,我国风电产业近年发展迅速,我国风电产业规模已位居世界第一,无论是累计装机还是新增装机,未来几年也将保持良好势头。

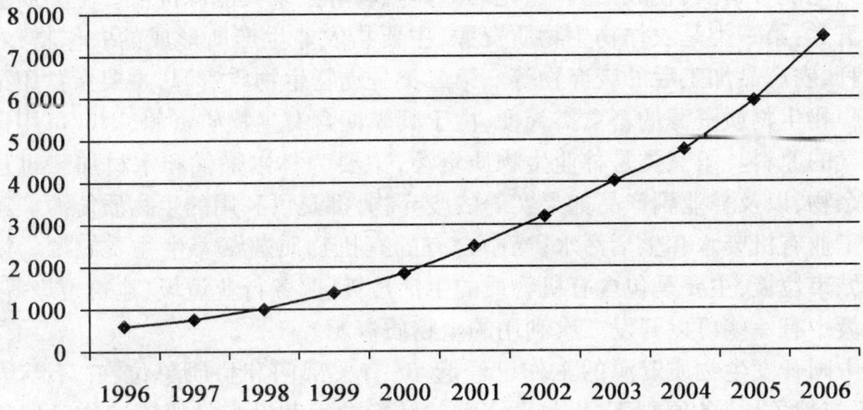

图 6.4　世界各国累计装机容量

截至 2014 年,我国全年风电新增装机 1 981 万千瓦,累计装机容量 9 637 万千瓦,占全球风电装机的 27%,风电连续两年超过核电成为国内第二大能源。即使如此,我国风电发展仍面临着技术创新能力不足的问题,还未达到世界风电技术的水平。因此,我国在风电产业的政策支持、发展规划、技术创新等方面有待进一步改进和提高,以丰富我国可再生能源的种类。

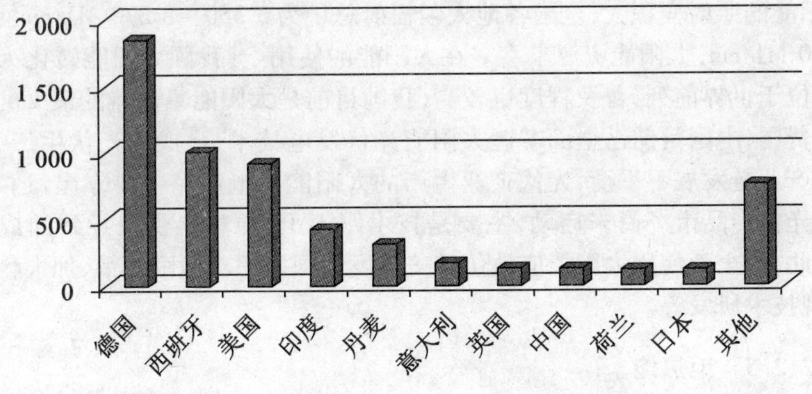

图 6.5　世界各国 2005 年风电装机容量(万千瓦)

6.2.2.3 生物质能

生物质能主要指贮存在生物体内的化学能和其他形式的能量。由于生物质本身是可再生的,所以生物质能也是一种可再生能源。生物质能主要通过燃料转化为电能、汽化转化成沼气、液化的液体燃料等实现其能源价值。生物质主要分为五类:第一类是农作物生物质资源,主要指农业生产所形成的农作物、农作物秸秆、农产品加工后的废弃物等。第二类是动物生物质资源,主要指食用第一类农作物生物质资源的畜禽类粪便,由于其粪便含有生物质资源,因此可用做制作沼气的原料。第三类是林业生物质资源,主要为林木采伐和木材加工过程中的剩余物,以及林业副产品如果实等的废弃物,都是可利用的生物质能源。第四类是工业有机废水和生活污水,当中含有的有机物质蕴藏着生物质能源。第五类是城市垃圾,主要是包含有机物质的生活垃圾、服务行业垃圾、建筑垃圾等,这些垃圾中有一些可以开发二次利用的生物质资源。

中国开发生物质资源的工作已经起步,有关部门和科研单位在“不与人争粮,不与粮争地”的原则下,生物质资源的转换技术和设备的研制工作已取得一定成果,但是对于第三、四、五类生物质资源的开发能力还有待提高。与巴西、美国等生物质能强国相比,我国生物质能发展中仍然存在许多问题,如破坏生态环境、生产成本过高、生产技术落后、产业化程度较低、政府扶持政策不健全,等等,只有解决这些问题,生物质能才能在中国得到广泛的推广使用。

6.2.2.4 太阳能

太阳能是一种无限、干净和丰富的清洁能源,太阳能的使用主要应用在太阳能转化为热能和太阳能发电。由于太阳能主要来自于太阳的辐射,我国幅员辽阔,太阳能的照射面积大,全国各地太阳辐射总量为3 350 ~ 8 370 MJ/cm^2,中值为5 860 MJ/cm,太阳能资源丰富。在太阳能的使用上,我国太阳能转化为热能的技术位于世界前列,普及程度也较高,我国目前是太阳能集热器的最大的生产国和消费国,中国目前已全面掌握太阳能光伏发电技术,已成为光伏生产大国,但光伏产业链发展不平衡,光伏企业生产的太阳能发电产品主要靠出口。中国太阳能光伏产品市场尚未启动,主要是技术跟不上,原材料受限导致的成本过高。因此,为全面使用太阳能应效仿日美等发达国家完善激励政策,加大科研投入,重视技术研发等。

6.2.2.5 地热能

地热能是地壳内部天然熔岩所蕴藏的热能,地热能间接使用主要用于热能发电或者地源热泵,直接使用主要是作为热能使用。我国地热能资源丰富,据估算，全国287个地市级以上城市浅层地热能可利用资源能量相当于每年3.5亿吨标准煤，如有效开发利用，每年可以节约标准煤2.5亿吨，减少CO_2排放5亿吨。这一成果打破了以往认为全国浅层地热能开发利用潜力仅为6 000万吨~8 000万吨标准煤的结论①。对于地热能的开发我国已居世界首位，且地热资源丰富，未来我国地热能的开发仍有广阔的发展空间。

总的来说，我国可再生能源快速发展，开发利用规模逐步扩大，技术和装备水平显著提高，已成为能源发展中的重要组成部分。近年来，我国水电、风电、燃料乙醇以及沼气、太阳能热利用等可再生能源总量有所提高，2009年可再生能源年利用量达到2.68亿吨标准煤，占当年能源消费总量的8.7%。截至2012年底中国可再生能源发电装机规模占总发电装机比例达28%，可再生能源发电量约占全国总发电量的20%。为解决经济高速发展对能源的需求与日益严重的环境污染之间的矛盾，可再生能源的开发使用无疑对于中国发展至关重要，可再生能源为国家未来能源战略的重要产业，为改善能源结构、保护环境和应对环境变化，将做出重要贡献。

6.3 调整产业结构，转变工业经济增长方式

通过煤炭消费及效率评价的相关分析，可以看出由于我国产业结构不合理，重工业比重和火力发电比重过高，并且这些重点耗煤行业煤炭消费效率较低。因此，适当降低重工业比重，则会相应提高中国工业整体煤炭消费效率。这就要求转变经济体制，通过企业改革、产权改革实现产业结构优化和经济的高效运行，从单纯地追求经济高速增长向追求经济高效增长转变，同时努力提高第三产业在国民经济中的比重，降低第二产业尤其是重工业的比重。从技术创新的角度和行政约束的角度开展节能减排工作，对重点耗煤行业加强监督与管理。

针对不同行业除了以上使用可再生洁净能源外，行业内部应采取不同的调整，尤其是工业行业的节煤措施更是调整的重点。工业节能重要的层面是技术层面节能，但由于工业行业所包含的技术范围甚广，本书不从技术本身进行节能的讲述。由于工业高耗能用户非常集中，政府可以在立法、顾问、能源审计和技术指导等方面发挥作用，企业也可以结合自身的条件进行节能活动。具体措施如下：

① 国土资源部副部长汪民在国土资源系统应对全球气候变化和节能减排工作高层论坛讲话。

首先,鼓励企业进行设备改造与运行改进。积极向国外相关行业以及国内同类行业学习提高工艺过程效率的方法和技术,如增加锅炉与输热或输冷管道外的保温层厚度、改善空气与燃料的混合以加强燃烧、强化传热过程等。当然,对于企业的设备改造和运行改进,政府应给予一定的支持和监督,除了提供相关的专家指导外,还应对企业购买使用节能设备、节能材料给予一定的补偿。

其次,改革生产工艺和生产方法。推动工业行业企业改革生产工艺和生产方法,只有工业企业主动进行改革,才能使改革不成为一句口号,变成真正的节能减排的一个重要手段,参照发达国家的做法,可以采取激励和强制两种手段相结合。如日本为了鼓励企业节能,对于企业节能投资的30%用于减免所得税;芬兰从1997年开始通过政府与企业签订相关节能协议,约束企业采取节能工艺和可再生能源进行生产。

再次,废料的回收与利用。虽然主要的工业产品系由原料加工而成,但回收一部分报废的半成品再加以利用,所需的能耗可能较少。收集废品与分类会产生一定的成本,但相对于原料加工花费较大的场合仍然具有优势。

前述关于工业行业煤炭消费效率的评价,从评价结果可以看出,工业行业煤炭消费效率偏低的部门主要集中在垄断程度较高、开放程度低的行业,如电力、热力的生产和供应业、黑色金属冶炼及压延加工业等,这些行业要么是国有垄断要么是寡头垄断,由于垄断地位使这些行业技术创新和工艺改进的步伐较其他垄断竞争行业的企业相对滞后,而那些相对开放程度较高的行业煤炭消费效率也相对较高,如烟草制品业、电子通信设备制造业等,由于这些行业处于垄断竞争的环境中,优胜劣汰的竞争机制迫使这些行业的企业采取积极措施,进行技术改造和技术升级。因此,为提高工业行业煤炭消费效率,应从技术层面加以控制,除此之外还应加大行业开发力度,限定行业从业标准,让有资质的民营资本、外商资本进入垄断行业,通过引进竞争提高整体行业效率。

6.4 积极推进煤炭市场化改革

发达国家的经验和市场经济的发展理论都证明了,能源价格市场化比政府宏观调控更有效。由经济学原理,产品的价格由市场的供给和需求决定,由于工业化进程和城市化进程的推进,以及重工业的生产模式和能源消费结构,对煤炭资源的需求量很大,并且这个需求量增长很快。如果对煤炭产品实行市场化,工业若不调整其生产及消费模式,那么就会随着煤炭需求的不断增加,引起煤炭价格上升,进而引起企业的生产成本提高,迫使企业自发提高煤炭使用效率,并且寻找替代性能源和调整工业生产结构，也就是让市场对煤炭资源进行最优配置，这种方式已经被发达国家验证了其有效性。因此，我国应加速能源行业的市场化改革的步伐，让煤炭价格作为主要手段之一去调控煤炭的需求，既能够体现出煤炭的稀缺性，又能推动企业主动去节能，该方法是实现未来节能减排的重要手段。

6.5　建立煤炭循环经济体系

循环经济是以资源的循环使用为核心，根本目的是为了降低污染排放、减少资源浪费、提高资源效率，循环经济理念符合现代社会提倡的节能减排思想，是实现经济社会可持续发展的重要手段。煤炭循环经济体系是循环经济系统的一个子系统，包括煤炭生产的循环经济系统和煤炭消费的循环经济系统。我国首个煤炭生产的循环经济系统山西同煤集团塔山煤矿，其探索了煤炭生产的循环经济模式，煤炭通过封闭皮带运输到煤仓再运输到洗煤厂洗选，精煤装车外运，洗中煤、末煤供煤化工项目生产甲醇；洗煤厂分选出来的煤矸石输送到煤矸石砖厂，低热值煤输送到资源综合利用电厂发电，电厂产生的余热用于居民区冬季取暖；坑口电厂排出的粉煤灰，成为水泥厂的原料；采煤过程中产生的伴生物高岭岩作为高岭土加工厂的原料；井下的废水经过处理后，化作洗煤的循环水和明澈的喷泉，把废弃物的排放和对环境的污染降到了最低，实现了资源－产品－废弃物－再生资源的闭路循环。然而，煤炭循环经济项目一般投资大、周期长，存在市场风险、技术风险，产品链越长投资额越大。大企业仅靠自身积累尚且“捉襟见肘”，小企业更是“力不从心”。因此，推进煤炭生产循环经济系统，应是政府和企业共同来进行，此项工作不但能够实现煤炭的绿色开采，同时对于矿区的环境维护以及煤炭资源的保护具有重要意义。

煤炭消费循环经济系统，是指在煤炭消费直至废弃的全过程中，以煤炭生态型循环使用为核心，从以往单纯“煤炭－产品－污染排放”单向的生产过程，转变为“煤炭－产品－再生资源”的循环生产过程，强调在煤炭的使用中不单纯的一次性消费，而是最大限度地利用煤炭资源，最大限度地降低生产过程中的污染排放。煤炭消费循环经济体系的建立，应以重点耗煤行业的企业单位为主体，其他行业乃至生活用煤也应树立循环经济理念，共同担负起节约煤炭资源、保护生态环境的重任。

6.6 加强政府节能管理和完善环境政策

“十二五”规划中国家从总体上制定了关于资源节约与环境保护的具体目标，无论是非化石能源比重提高至11.4%，还是单位国内生产总值能耗降低16%，以及主要污染物排放量减少，这些目标的实现都离不开各级政府在节能工作上的决策能力、执行能力、协调能力、监督能力等。为保证“十二五”规划关于节能减排目标的实现，国家应完善相关节能法规和产品能效标准，设定耗能限额，尤其加强对重点耗煤行业的节能监督和管理。各级政府应根据国家制定的总体目标和标准，结合本地区的实际情况，制定节能目标和节能方案，加强固定资产投资项目节能评估和审查，并对节能部门的节能行为进行目标绩效考核，保证节能指标落到实处。对于“十二五”环境保护的目标的实现，政府也应健全相关法律法规和标准体系，加强环境保护方面的科技投入和环境监测预警机制，并且加大环境执法力度，实行严格的环保准入标准，不达标企业坚决不能生产，并建立环境质量目标责任制和绩效考核制度，强化产业转移承接的环境监管。对于重点耗煤行业和重点污染物排放行业如火电、钢铁、有色金属、化工、建材等，应监督其二氧化硫和氮氧化物排放和治理工作，强化脱硫脱硝设施稳定运行，深化颗粒物污染防治，加强恶臭污染物治理。建立污染物排放标准，推行排污许可及有偿使用政策，建立健全区域大气污染联防联控机制，从经济角度和行政角度共同抑制污染物的排放。

6.7 本章小结

本章在前面几章实证分析基础上，提出提高煤炭消费效率与优化煤炭消费的对策及建议，基于我国能源研发投入少，煤炭消耗浪费严重、环境污染严重等现象，提出应提高能源研发投入，加大对新能源和新技术的研发力度，并在煤炭开采、使用及燃后处理中推广使用洁净煤技术；针对我国煤炭以外其他能源缺乏的分析结果，为保证能源供应安全，提出应积极开发石油、天然气、可再生能源等；针对重工业及电力行业煤炭消费效率较低的现象，提出应调整产业结构转变工业经济增长方式；针对煤炭价格对煤炭消费效率的影响，提出为提高煤炭消费效率应进行煤炭市场化改革；为保证能源供应安全和环境友好，提出建立煤炭循环经济体系和政府加强节能管理、完善环境政策的建议。

第7章　结论与展望

7.1　研究结论

煤炭在中国能源结构中占有重要地位并具有战略意义,然而,随着中国经济的高速发展,日益增长的煤炭消费需求和越来越严重的环境污染问题,成为制约中国经济发展的突出矛盾和瓶颈。因此,分析和评价煤炭在中国的消费状况,对认识并改变中国能源效率现状,为国家宏观经济调控、能源规划提供科学的决策依据,对于保证中国国民经济健康、稳定、持续的发展具有重要的现实意义。本书基于科学发展观的角度,综合运用效率及生产率分析理论、计量经济学理论与方法等,以中国煤炭消费为研究对象,系统地开展了中国煤炭市场现状分析,中国煤炭消费影响因素分析,中国煤炭消费效率评价,主要耗煤行业煤炭消费效率优化的研究,本书的主要研究结论如下:

(1)煤炭占能源消费结构的比重居高不下,电煤和重工业是拉动煤炭增长的主要动因。根据历年中国能源消费结构、中国煤炭年消费总量、世界主要耗煤国的煤炭消费总量的历史数据,并按行业分析煤炭在电力、热力的生产和供应业以及重工业和轻工业的煤炭消费状况,发现对比世界发达国家,中国煤炭消费在能源消费结构中占比较高,消费增长速度快且消费总量巨大,工业行业耗煤占中国煤炭消费总体的比重较高,尤其是电力、热力的生产和供应业以及重工业煤炭消费总量大,这些行业应是以后节能减排需要重点关注的行业。

(2)煤炭生产总量总体为增长趋势,煤炭进口递增,出口先增后减。根据历年中国能源生产结构、中国能源生产总量、中国煤炭生产总量的历史数据,得出煤炭生产总量在能源生产总量中的比重较高,中国能源生产总量、中国煤炭生产总量除个别年限外,总的趋势是上升的,根据上升趋势来看,未来煤炭产量增速将趋于稳定。根据历年中国煤炭进口数量、出口数量的历史数据,中国煤炭进出口呈现进口数量递增,出口数量先增后减的趋势,照此趋势未来中国煤炭进出口将继续此态势。总体上，中国煤炭市场基本能够实现供求平衡。

（3）经济增长、工业比重、科技支出对煤炭消费总量具有显著影响。运用协整与误差修正模型、脉冲响应函数对煤炭消费与经济增长、产业结构、煤炭价格、科技支出的长期均衡关系和动态关系进行分析研究。通过分析得出，经济增长对煤炭消费具有显著的正向拉动作用，经济增长的正向变动冲击引起煤炭消费响应是正向的且滞后的，并且滞后效应较长。工业比重对煤炭消费具有显著的正向拉动作用，工业比重的正向冲击带来煤炭消费近期是正向响应，具有滞后效应但滞后效应较短。科学技术支出对煤炭消费显著的反向影响作用，科学技术支出的正向冲击带来煤炭消费近期负向响应，远期正向响应，说明科学技术支出只有不断加大投入才能持续降低煤炭消费量。煤炭价格对煤炭消费的反向影响不显著，煤炭价格的正向冲击引起煤炭消费的反向响应，具有滞后效应且滞后效应较长。通过以上分析，可以为控制中国煤炭消费总量提供参考依据，即重点关注经济增长、工业比重、科技支出的变动。

（4）工业行业总体煤炭消费效率较低，按行业分电力、燃气的生产和供应业煤炭效率最低，按地区分东部地区煤炭效率最高。通过建立 DEA 效率评价模型，对工业行业和中国各地区煤炭消费效率进行评价，得出如下结论：中国工业行业总体煤炭消费效率呈逐年上升的趋势，但是总体效率水平仍然较低。具体体现为轻工业是综合技术效率最高的行业，其规模效率相对较高但是纯技术效率不高，因此应加强先进技术的研发和使用，以提高其行业整体的煤炭消费效率水平；电力、燃气的生产和供应业煤炭消费效率最低，主要是由于其规模效率较低造成的，应根据其所在行业规模状况向最优规模调整；重工业综合技术效率不高，相对于纯技术效率而言，其重工业整体的规模效率相对较高，应从加强技术创新的角度提高其综合技术效率；采掘业综合技术效率较低，其无论是纯技术效率还是规模效率都不高，应从两个方面加强调整才能提高其整体的技术效率。从煤炭消费的地区来看，煤炭消费效率东部地区最高，而东北、中部、西部煤炭消费效率水平较低。通过效率评价分析，可以为中国节能工作的开展提供方向，即按行业划分应加大电力、燃气行业以及重工业、采掘业的节能力度，按地区划分应加大东北、中部、西部地区的节能力度。

（5）主要耗煤行业煤炭消费效率优化方向各不相同。通过建立 Tobit 模型，对六个主要耗煤行业煤炭消费效率的影响因素进行分析，其中技术进步、企业规模、煤炭价格对六大行业的煤炭消费效率的影响均为正向的，重工业比重对六大行业煤炭消费效率的影响均为负向的，行业耗煤比重对煤炭开采和洗选业、石油加工炼焦及核燃料加工业、电力热力的生产和供应业的影响是负向的，即需要降低该行业的煤炭消费在工业中的消费比重以提高煤炭消费效率，耗煤比重对其他三个行业化学原料及化学制品制造业、非金属矿物制品业、黑色金属冶炼及压延加工业的影响为正向显著,即此三个行业应提高其煤炭消费比重以提高行业煤炭消费效率。工业化水平对煤炭消费效率的影响,化学原料及化学制品制造业、非金属矿物制品业、石油加工炼焦及核燃料加工业三个行业正向,其他三个行业反向。

(6)节能减排的主要对策集中在能源的开发、使用及管理上。伴随着越来越多的能源需求,以及越来越少的煤炭资源,如何解决中国经济发展面临的能源供应问题是中国经济能否又好又快发展的关键。因此,应从技术的角度,加大对能源的研发投入,推广洁净煤技术的使用;开发石油和天然气以及可再生的其他能源;转变工业经济增长方式,逐步降低第二产业尤其是电煤、重工业耗煤的比重;进行煤炭市场化改革,让煤炭价格能够体现煤炭的稀缺性,利用市场对煤炭进行资源优化配置;建立煤炭循环经济体系,实现煤炭资源的循环使用,降低污染和浪费;政府应完善节能管理和环境保护的政策和法规,并严格监督政策的执行。

7.2　主要创新点

7.2.1　对煤炭消费的影响因素的分析

本书是基于“问题驱动”的实证分析,即:为了研究中国煤炭消费效率这一现实问题,对影响煤炭消费的因素和煤炭消费波动的动因进行深入研究。从现有文献来看,对能源消费影响因素的研究颇丰,但是对煤炭消费影响因素的研究甚少,尤其是影响因素的变动对煤炭消费的影响冲击,或者说煤炭消费对影响因素的冲击的响应,关于这方面的研究更是少之又少。本书通过对经济增长、产业结构、煤炭价格、技术创新、环境状况等因素的分析,运用协整、误差修正模型、脉冲响应函数等工具构建煤炭消费上述影响因素与煤炭消费总量的计量模型,通过模型结果发现煤炭消费与经济增长、产业结构、煤炭价格、技术创新之间存在着长期均衡关系,但是各因素对煤炭消费的影响方向和影响程度不同,并且当各因素发生变动时煤炭消费的响应状况也存在一定的差异。本研究主要是针对各因素对煤炭消费总量的影响研究,这对于控制我国煤炭消费总量具有重要的借鉴意义,丰富了我国能源消费的研究领域。

7.2.2　进行煤炭消费效率评价的实证研究

对能源效率的研究分析在不断的进步和完善,但是也不难从以上研究发现问题,学者们大多停留在对所有能源或者所有不可再生能源效率的研究上,没有对于中国这样的特殊资源禀赋条件的国家进行有针对性的研究。在中国所有能源消费中,煤炭的消费几乎占据能源消费总量的70%,而学者们没有把煤炭消费效率的评价突出出来。对于中国这样一个以煤为主的特殊的能源消费结构的国家,煤炭消费所带来的煤炭储量的减少和环境污染问题越来越严重。研究煤炭在各行业,尤其是重点行业的消费效率,对于制定能源政策、优化产业结构、减少环境污染具有重要的理论意义和现实意义。本书尝试运用非参数DEA方法构建出全要素框架下的煤炭消费效率评价模型,同时利用不同层面数据,分别对不同行业、不同地区的煤炭消费效率进行评价,尤其是对工业行业分别从工业整体、工业各行业随时间变动进行煤炭消费效率分析。该部分研究主要针对的是煤炭消费效率的研究,该研究对于了解我国煤炭在各行业、各地区的消费效率现状,更好地针对各行业、各地区开展节能降耗工作具有指导意义,同时也有利于提高我国煤炭消费效率以及提高整体能源消费效率。

7.2.3 进行主要耗煤行业煤炭消费效率优化的研究

现有的关于煤炭消费的研究,主要集中在综合考虑所有能源的基础上,寻求合理的能源消费结构,而专门针对于某一能源品种在各行业尤其是高耗能行业煤炭消费效率提高的研究几乎没有。因此,关注煤炭在重点耗煤行业的消费效率影响因素,寻找重点耗煤行业煤炭消费效率优化的途径,无论是从能源供应安全的角度,还是从环境污染的角度,都是非常必要的。从现有文献资料来看,对煤炭消费的研究很少,仅有的研究也多数停留在关于煤炭未来的需求预测上,而没有从根本的角度来考虑各行业煤炭消费效率差异的原因是什么,如何提高煤炭消费效率。本书运用Tobit模型对重点耗煤行业煤炭效率影响因素进行研究,分析煤炭消费效率背后诸多影响因素的影响机制、路径、方向和大小,该研究将为重点耗煤行业的节能实践提供一定的科学依据。并在科学发展观的指导下,结合中国煤炭消费现状及消费效率的实证分析,提出提高煤炭消费效率的对策及建议。

7.3 研究展望

在本书的研究中,笔者发现还有许多问题有待于更深入的研究。由于笔者的能力和时间限制,对一些需要更深层次和更细致剖析的问题还没有展开研究。首先,关于把环境要素纳入到煤炭消费效率评价中,由于煤炭消费产生的废渣、废气等对环境将产生一定的影响,作为非期望产出纳入煤炭消费效率评价中还有待研究;其次,关于煤炭消费效率的评价方法,由于现有关于能源效率研究大多基于 DEA 方法,因此本书也借鉴其他学者的研究经验,选择该方法,若能寻找新的煤炭效率评价方法,对比 DEA 评价结果,分析异同并寻找原因,将使评价结果更有说服力。再次,关于煤炭消费结构优化的研究,若能通过建立模型寻找到主要耗煤行业的最优煤炭消费结构,将对煤炭消费提供更科学的参考依据。没有解决的问题为今后进一步进行研究提供了必要性,作者将在以后的学习和工作生涯中继续相关研究。

参考文献

[1] 杨玉峰,苗韧,陈子佳,等.《世界能源展望 2009》对我国的启示[J].中国能源,2009,31(11):24-25.

[2] GRANGER C W J. Investigating causal relations by econometric and cross spectral methods[J]. Econometrica,1969(37): 424-438.

[3] KRAFT J, KRAFT A. On the relationship between energy and GNP [J]. Energy and Development,1978(2):401-403.

[4] AKARCA A T, LONG T V. On the relationship between energy and GNP: a reexamination [J]. Journal of Energy Development ,1980(5): 326-331.

[5] YU E S H, HWANG B K. The relationship between energy and GNP: further results [J]. Energy Economics, 1984 (6):168-190.

[6] ABOSEDRA S, BAGBESTANI H. New evidence on the causal relationship between U. S. energy consumption and gross national product [J]. Journal of Energy Development ,1989(14) : 285-292.

[7] CHENG B S. An investigation of cointegration and causality between energy consumption and economic growth [J]. Journal of Energy Development ,1995 (21):73-84.

[8] STERN D I. A multivariate cointegration analysis of the role of energy in the US macroeconomy [J]. Energy Economics,2000(22):267-283.

[9] EROL U, YU E S H. On the relationship between electricity and income for industrialized countries [J]. Journal of Electricity and Employment, 1987 (13): 113-122.

[10] YU E S H, CHOI J Y. The causal relationship between electricity and GNP: an international comparison [J]. Journal of Energy and Development, 1985 (10):249 - 272.

[11] HWANG D B K, GUM B. The causal relationship between energy and GNP: the case of Taiwan [J]. The Journal of Energy and Development, 1992 (12): 219-226.

[12] CHENG B S, LAI T W. An investigation of cointegration and causality between electricity consumption and economic activity in Taiwan [J]. Energy Economics, 1997(19): 435 -444.

[13] YANG H Y. A note on the causal relationship between electricity and GDP in Taiwan [J]. Energy Economics, 2000(22): 309 -317.

[14] MASIH A M, MASIH R. Energy consumption, real income and temporal causality: results from a multi - country study based on cointegration and error - correction modeling techniques [J]. Energy Economics,1996,18(3): 165 -183.

[15] ASAFU - ADJAYE J. The relationship between energy consumption, energy prices and economic growth: time series evidence from Asian developing countries [J]. Energy Economics, 2000(22):615 -625.

[16] SOYTAS U, SARI R. Energy consumption and GDP: causality relationship in G7 Countries and emerging markets [J]. Energy Economics, 2003(25): 33 -37.

[17] MASIH A M, MASIH R. On the temporal causal relationship between energy consumption, real income, and prices: some new evidence from Asian - energy dependent NICs based on a multivariate cointegration vector error - correction approach [J]. Journal of Policy Modeling, 1997, 19(4): 417 -440.

[18] HONDROYIANNIS G, LOLOS S, PAPAPETROU E. Energy consumption and economic growth: assessing the evidence from Greece [J]. Energy Economics, 2002, 24(4): 319 -336.

[19] FATAI K, OXLEY L, SCRIMGEOU F G. Modeling the causal relationship between energy consumption and GDP in New Zealand, Australia, India, Indonesia, The Philippines and Thailand[J]. Mathematics and Computers in Simulation, 2004(64): 431 -445.

[20] NELSON C R, PLOSSER C R. Trends and random walks in macroeconmic time series: some evidence and implications [J]. Journal of Monetary Economics, 1982, 10(2): 139 -162.

[21] STOCK J H, WATSON M W. Interpreting the evidence on money - income causality[J]. Econometrics, 1989,40(1):161 -182.

[22] 林伯强. 中国能源需求的计量经济分析[J]. 统计研究,2001(10):34 -39.

[23] 林伯强. 结构变化、效率改进与能源需求预测[J]. 经济研究,2003(5):57 -65.

[24] 林伯强. 电力消费与中国经济增长:基于生产函数的研究[J]. 管理世界,

2003(11):18－27.
[25] 王海鹏,田澎,靳萍.中国能源消费、经济增长间协整关系和因果关系的实证研究——以电力行业为例[J].生产力研究,2005(3):159－177.
[26] 马超群,储慧斌.中国能源消费与经济增长的协整与误差校正模型研究[J].系统工程,2005(10):49－52.
[27] 曾胜,郑贤贵,饶呈祥.我国能源消费结构与经济增长的关联关系分析[J].软科学,2009,23(8):65－68.
[28] 王火根,沈利生.中国经济增长与能源消费空间面板分析[J].数量经济技术经济研究,2007(12):89－99.
[29] 于全辉,孟卫东.基于面板数据的中国能源与经济增长关系[J].系统工程,2008(6):68－72.
[30] 韩智勇,魏一鸣.中国能源消费与经济增长的协整性与因果关系分析[J].系统工程,2004,22(12):17－21.
[31] 王海鹏,田澎,靳萍.基于变参数模型的中国能源消费经济增长关系研究[J].数理统计与管理,2006,25(3):253－258.
[32] 吴巧生,成金华,王华.中国工业化进程中的能源消费变动——基于计量模型的实证分析[J].中国工业经济,2005(4):30－37.
[33] 师博.能源消费、结构突变与中国经济增长:1952～2005[J].当代经济科学,2007,29(5):94－100.
[34] 王宇新,姚梅.中国能源消费与经济增长关系的因果分析[J].合肥工业大学学报:自然科学版,2007,30(9):1164－1166.
[35] 吴巧生,陈亮,张炎涛,等.中国能源消费与GDP关系的再检验——基于省际面板数据的实证分析[J].数量经济技术经济研究,2008(6):27－30.
[36] 赵进文,范继涛.经济增长与能源消费内在依从关系的实证研究[J].经济研究,2007(8):13－24.
[37] 尹春华,顾培亮.基于灰色序列生成中缓冲算子的能源预测[J].系统工程学报,2003,18(2):189－192.
[38] 田志勇,关忠良,王思强.能源消费结构分析的熵应用研究[J].中国能源,2008,30(10):14－17.
[39] 孙晓鑫,孔微巍.我国节能减排中一次能源消费结构优化问题研究[J].商业研究,2008,12:58－61.
[40] 宋春梅.中国能源需求预测与能源结构研究[J].学术交流,2009(5):56－61.
[41] 任少飞,冯华.中国经济增长与煤炭消费结构的关系[J].财经科学,2006(12):108－114.
[42] 武普照,李广泳.中国煤炭消费与经济增长的关系研究[J].山东师范大

学学报:自然科学版,2008,23(1):140-142.

[43] 朱博智,杨万华.中国煤炭消费和经济增长关系的研究[J].华北电力大学学报:社会科学版,2008(1):21-25.

[44] 张炎涛,李伟.中国煤炭消费与经济增长的因果关系研究[J].资源与产业,2007,9(1):89-92.

[45] GERARD A F. Modeling and forecasting energy consumption in China: implications for Chinese energy demand and imports in 2020 [J]. Energy Economics, 2007 (25): 1125-1131

[46] 孟岩,张屹山.基于变参数模型的中国煤炭消费与经济增长关系研究[J].吉林师范大学学报:人文社会科学版,2007,12(6):67~69.

[47] 张兆响,廖先玲,王晓松.中国煤炭消费与经济增长的变结构协整分析[J].资源科学,2008,30(9):1282-1289.

[48] 赵梦楠,周德群.中国煤炭消耗与经济增长的结构变化及因果关系研究[J].管理学报,2008,5(5):717-721.

[49] 张兴平,赵旭,顾蕊.我国煤炭消费与经济增长关系的多变量协整分析[J].煤炭学报,2008,33(6):713-716.

[50] 李金克,宋华岭,王风华.基于计量经济模型的煤炭消费与经济增长关系实证研究——以世界主要煤炭消费国为例[J].数理统计与管理,2009,28(2):204-209.

[51] 吴永平,温国锋,宋华岭.世界主要煤炭消费国与其国家经济增长GDP关系分析[J].中国矿业,2008,17(2):21-25.

[52] 邱丹,秦远建.我国煤炭价格与经济增长关系的实证研究[J].煤炭经济研究,2009(2):4-11.

[53] 曾胜,黄登仕.中国能源消费、经济增长与能源效率——基于1980~2007年的实证分析[J].数量经济技术经济研究,2009(8):17-28.

[54] THOMAS D L, GREEFE R D, GRANT K C. Application of data envelopment analysis to management audits of electric distribution utilities [M]. Austin: Public Utility Commission of Texas, 1985.

[55] WEYMAN-JONES T G. Productive efficiency in a regulated industry: the area electricity boards of England and Wales[J]. Energy Economics, 1991, 13(2):116-122.

[56] HJALMARSSON L, VEIDERPASS A. Efficiency and ownership in Swedish electricity distribution [J]. The Journal of Productivity Analysis, 1992 (3):7-23.

[57] THAKUR T, DESHMUKH S G, KAUSHIK S C. Efficiency evaluation of the

state owned electric utilities in India[J]. Energy Policy, 2006, 34(17): 2788 - 2804.

[58] RAMANATHAN R. An analysis of energy consumption and carbon dioxide emissions in countries of the Middle East and North Africa[J]. Energy, 2005, 30(15): 2831 - 2842.

[59] AZADEH M A, GHADERI S F, ASADZADEH M. Performance assessment of energy consumption in Iranian chemical sectors[C]. Tehran: the First International Conference on Energy Management and Planning, 2006:20 - 21.

[60] HU J L, WANG S C. Total - factor energy efficiency of regions in China [J]. Energy Policy, 2006(34): 3206 - 3217.

[61] HU J L, KAO C H. Efficient energy - saving targets for APEC economies [J]. Energy Policy, 2007,35 (1):373 - 382.

[62] TAICHEN CHIEN, JIN - Li HU. Renew able Energy and Macroeconomic Efficiency of OECD and Non - OECD Economies[J]. Energy Policy, 2007, 35: 3606 - 3615.

[63] WILSON B, TRIEU L H, BOWEN B. Energy efficiency trends in Australia [J]. Energy Policy, 1994(22): 287 - 295.

[64] PATTERSON M G. What is energy efficiency? Concepts, indicators and methodological issues [J]. Energy Policy, 1996, 24 (5):377 - 390.

[65] 魏楚,沈满洪. 能源效率研究发展及趋势:一个综述[J]. 浙江大学学报:人文社会科学版,2009(3):55 - 63.

[66] 史丹. 我国经济增长过程中能源利用效率的改进[J]. 经济研究,2002(9):49 - 57.

[67] 蒋金荷. 提高能源效率与经济结构调整的策略分析[J]. 数量经济技术经济研究,2004(10):16 - 23.

[68] 王庆一. 中国的能源效率及国际比较[J]. 节能与环保,2003(8):5 - 7.

[69] 李廉水,周勇. 技术进步能提高能源效率吗?——基于中国工业部门的实证检验[J]. 管理世界,2006(10):82 - 89.

[70] 杨正林,方齐云. 能源生产率差异与收敛:基于省际面板数据的实证分析[J]数量经济技术经济研究,2008(9):17 - 30.

[71] 魏楚,沈满洪. 能源效率与能源生产率——基于 DEA 方法的省际数据比较[J]. 数量经济技术经济研究,2007(9):110 - 121.

[72] 刘小玄,李双杰. 制造业企业相对效率的度量和比较及其外生决定因素(2000 ~ 2004) [J]. 经济学(季刊),2008,7(3):843 - 868.

[73] 高振宇,王益. 我国能源生产率的地区划分及影响因素分析[J]. 数量经

济技术经济研究,2006(9):46-57.
[74] 曾胜,刘朝明,涂瑞.我国能源消费与GDP增长的比例关系研究[J].华东经济与管理,2009(2):45-49.
[75] 李世祥,成金华.中国能源效率评价及其影响因素分析[J].统计研究,2008(10):18-27.
[76] 陈军,成金华.中国非可再生能源生产效率评价:基于数据包络分析方法的实证研究[J].经济评论,2007(5):65-71.
[77] 王群伟,周德群.中国全要素能源效率变动的实证研究[J].系统工程,2008(7):74-80.
[78] 冯蕾.2005~2007年我国省际能源效率研究—基于DEA方法非意愿变量CRS模型的测度[J].统计研究,2009,26(11):31-35.
[79] 严非,谭忠富.基于DEA方法的全要素能源效率分析[J].华东电力,2009,37(9):1568-1571.
[80] 王群伟,周德群,陈洪涛.技术进步与能源效率——基于ARDL方法的分析[J].数理统计与管理,2009,28(5):913-920.
[81] 唐玲,杨正林.能源效率与工业经济转型——基于中国1998-2007年行业数据的实证分析[J].数理统计与管理,2009(10):34-48.
[82] 吴琦,武春友.基于DEA的能源效率评价模型研究[J].管理科学,2009(2):103-112.
[83] 王简辞,张欢.基于省际数据的我国能源利用效率有效性评价[J].生态经济,2009(8):77-79.
[84] 王群伟,周德群,王思斯.考虑非期望产出的区域能源效率评价研究[J].中国矿业,2009,18(9):36-40.
[85] 宋冬林,赵震宇.中国煤炭资源利用现状及成因分析——基于不可再生资源经济学的视角[J].求是学刊,2009,36(5):59-63.
[86] 孙敬水,马淑琴.计量经济学[M].北京:清华大学出版社,2009:294-336.
[87] 朱成章.能源效率及其计算[J].电力需求侧管理,2006,8(3):63-64.
[88] 彭兴韵.中国可能出现“好”的通货紧缩[J].金融信息参考,2005(9):21-21.
[89] 沈利生.GDP数据修订对平减指数的影响[J].数量经济技术经济研究,2008(5):155-160.
[90] 路正南.产业结构调整对我国能源消费影响的实证分析[J].数量经济技术经济研究,1999(12):53-55.
[91] 尹春华,顾培亮.我国产业结构的调整与能源消费的灰色关联分析[J].

天津大学学报,2003,36(1):104-107.
[92] 欧晓万.产业结构调整的能源消费约束研究[J].甘肃科学学报,2008,20(3):151-155.
[93] 周密,刘伟.我国能源产业与产业结构相关性探讨[J].改革与战略,2008,24(11):159-164.
[94] 梁广华.基于能源边际产出的中国产业结构调整研究[J].统计与信息论坛,2009,24(7):63-67.
[95] 李岚红.论我国基于能源消费的产业结构调整[J].山东师范大学学报:人文社会科学版,2010,55(2):135-139.
[96] 丁逸宁.对产业结构高度化和协调化的思考[J].中南财经政法大学研究生学报,2007(3):50-55.
[97] 曹海霞.我国煤炭价格的改革历程回顾及发展趋势前瞻[J].中国煤炭,2008,34(5):14-17.
[98] 孔宪丽.中国煤炭消费与影响因素动态关系的实证分析——兼论煤炭消费的非对称价格效应[J].资源科学,2010,32(10):1830-1838.
[99] 刘畅,孔宪丽,高铁梅.中国能源消耗强度变动机制与价格非对称效应研究——基于结构VEC模型的计量分析[J].中国工业经济,2009(3):59-70.
[100] 世界银行.中国循环经济的发展:要点和建议(上)[J].世界环境,2010(5):47-51.
[101] 世界银行.中国循环经济的发展:要点和建议(下)[J].世界环境,2010(6):54-58.
[102] 王兵,吴延瑞,颜鹏飞.中国区域环境效率与环境全要素生产率增长[J].经济研究,2010(5):95-109.
[103] KANEKO S, MANAGI S. Environmental productivity in China [J]. Economics Bulletin, 2004,17(2):1-10.
[104] WATANABE M, TANAKA K. Efficiency analysis of Chinese industry: a directional distance function approach[J]. Energy Policy, 2007, 35(12): 6323-6331.
[105] 陈诗一.能源消耗、二氧化碳排放与中国工业的可持续发展[J].经济研究,2009(4):41-55.
[106] 程丹润,李静.环境约束下的中国省区效率差异研究:1990~2006[J].财贸研究,2009(1):13-66.
[107] 涂正革.环境、资源与工业增长的协调性[J].经济研究,2008(2):93-105.

[108] 吴军.环境约束下中国地区工业全要素生产率增长及收敛分析[J].数量经济技术经济研究,2009(11):17-27.

[109] WARNER A M. Does world investment demand determine US exports? [J]. American Economic Review, 1994(84):1409-1422.

[110] 高铁梅.计量经济分析方法与建模——EViews 应用及实例[M].2 版.北京:清华大学出版社,2009.

[111] 高铁梅,孔宪丽.中国钢铁工业供给与需求影响因素的动态分析[J].管理世界,2004(6):73-81.

[112] RASHE R, TATOM J. Energy resources and potential GNP [J]. Federal Reserve Bank of St. Louis Review, 1977 (59):68-76.

[113] 赵丽霞,魏巍贤.能源与经济增长模型研究[J].预测,1998(6):32-35.

[114] FARREL M J. The measurement of productive efficiency[J]. Journal of Royal Statistical Society,1957(120):253- 281.

[115] LOVELL C A K. Production frontier and productive efficiency? [M]// FRIED H O , LOVELL A K , SCHMIDT S S. The measurement of productive eficiency. New York: Oxford University Press,1993.

[116] AIGNER D , LOVELL C A K, SCHMIDT P. Formulation and estimation of stochastic frontier production function models[J]. Journal of Econometrics, 1977, 6(1): 21-37.

[117] BATTESE G, CORRA G. estimation of a production frontier model: with application to the Pastoral Zone of Eastern Australia[J]. Australian Journal of Agricultural Economics, 1977, 21(3):169-179.

[118] JONDROW J, LOVELL C A K, MATEROV I, et al. On the estimation of technical in efficiency in the stochastic frontier production function model [J]. Journal of Econometrics, 1982, 19(2-3): 233-238.

[119] KUMBHAKAR S, LOVELL C A K. Stochastic frontier analysis[M]. Cambridge: Cambridge University Press, 2000.

[120] 史丹,吴利学,傅晓霞,等.中国能源效率地区差异及其成因研究——基于随机前沿生产函数的方差分解[J].管理世界,2008(2):35-43.

[121] 朱超.中国银行业效率动态变化的 Malmquist 指数研究:2000~2004[J].经济科学,2006(5):51-62.

[122] 张杰,周硕.运筹学模型与实验[M].北京:中国电力出版社,2007:293-296.

[123] 陈勇,李小平.中国工业行业的面板数据构造及资本深化评估:1985~2003[J].数量经济技术经济研究,2006(10):57-68.

[124] 涂正革,肖耿.中国工业生产力革命的制度及市场基础——中国大中型工业企业间技术效率差距因素的随机前沿生产模型分析[J].经济评论,2005(4):50-62.
[125] 屈小娥.中国省际全要素能源效率变动分解——基于 Malmquist 指数的实证研究[J].数量经济技术经济研究,2009(8):29-43.
[126] 王秋彬.工业行业能源效率与工业结构优化升级——基于 2000~2006 年省际面板数据的实证研究[J].数量经济技术经济研究,2010(10):49-63.
[127] 张世诚,孙庶.大力发展洁净煤技术,创建环境友好型社会[J].煤炭技术,2008,27(11):164-165.
[128] 李金柱.能源经济及能源结构优化对策[J].中国煤炭,2001,27(8):7-12.
[129] 陈贵锋.洁净煤技术产业发展机遇与挑战[J].中国能源,2010,32(4):5-8.
[130] 王英武,孙祝寿.新能源发展背景下我国风能产业现状及前景分析[J].中国电力教育,2011(9):81-82.
[131] 范万新,苏志.国内外风能开发利用的现状和发展趋势[J].大众科技,2009(6):131-133.
[132] 李景明,薛梅.中国生物质能利用现状与发展前景[J].农业科技管理,2010,29(2):1-5.
[133] 王峥,任毅.我国太阳能资源的利用现状与产业发展[J].资源与产业,2010,12(2):89-92.
[134] 王鉴雪,宁云才.基于 DEA/AHP 的煤炭资源消费效率评价[J].资源与产业,2011(3):66-71.